Heinz B. J. Kirchner

Haiymaath

Theaterstücke von 2003 bis 2014

©2017 Heinz Kirchner

Verlag: tredition GmbH, Hamburg

978-3-7345-5948-8 (Paperback)
978-3-7345-5949-5 (Hardcover)
978-3-7345-5950-1 (e-Book)

Printed in Germany

Heinz Kirchner, geb. 1951 in der Lucas-Cranach-Stadt Kronach, lebte von 1972 bis 1992 in Berlin; arbeitet seit 1992 als Lehrer in Hösbach bei Aschaffenburg.

Gründer des *ab:art-theater./freies ensemble aschaffenburg* 2002; inszenierte bisher über 20 Theaterproduktionen im Stadttheater, davon zehn eigene Stücke. Sein Drama *schwarzweissrot* gewann 2008 u.a. den Publikumspreis eines Dramenwettbewerbs des Städtebundtheaters Landshut/Passau/Straubing;

2006 erschien seine Erzählung *Adamos Südstaatlermütze*; 2011 gab er den Erzählband *Der Tag, als Klaus Kinski nach Aschaffenburg kam* heraus und 2012 die Sammlung *WasserMainWasser*. Beide Anthologien erschienen im Aschaffenburger alibri-Verlag.

Von 1998 bis 2002 arbeitete Kirchner als freier Journalist für die Kulturseiten des Main-Echo und der Frankfurter Allgemeinen Zeitung.

Inhaltsverzeichnis

Vorworte

Seit 1948 gibt es am Aschaffenburger Stadttheater kein eigenes Ensemble mehr. So vorteilhaft der Gastspielbetrieb für uns sein mag, was uns fehlt, ist der schöpferische Impuls, die eigene künstlerische Konzeption und die Identifikation der Stadtgesellschaft mit dem eigenen Theater, die von einem Ensemble ausgehen kann.

Immerhin: Auch nach der Auflösung des eigenen Ensembles gab es immer wieder Schauspielinitiativen, die in Aschaffenburg entstanden und das Theater als Podium für ihre Produktionen nutzten, durchaus im Sinne identitätsstiftender Beiträge für unser Haus. Erwähnt sei in diesem Zusammenhang die von Christian Schad geleitete Aufführung von Julius Maria Beckers „Brückengeist" am 20. August 1949 mit Bettina Schad, Josef Gurk und Karlheinz Kaiser oder „Die junge Bühne" mit der Komödie „Christoph Kolumbus oder die Entdeckung Amerikas" im Juni 1986, für die das Theater regelrecht auf den Kopf gestellt wurde.

2002 trat das ab:art-theater unter der Leitung von Heinz Kirchner auf den Plan und bereicherte das Programm regelmäßig mit bemerkenswerten Arbeiten. Eigene Stücke standen genauso auf dem Spielplan dieses semiprofessionellen Ensembles wie Werke von und über Julius Maria Becker. Immer konnte man sich auf originelle und klug in Szene gesetzte Theaterangebote freuen, es scharte sich eine kleine, treue Fangemeinde um das ab:art-theater und besuchte die Veranstaltungen regelmäßig. Das ab:art-theater und das drei Jahre vorher gegründete mot wurden zu Hausensembles, sie wurden zum wichtigen, identitätsstiftenden Bindeglied zwischen Publikum und Theater.

Neben den eigenen Werken von Heinz Kirchner standen Beiträge zur Theaterhistorie und die bemerkenswerten Stücke von und über Julius-Maria-Becker in sehr gelungenen Bearbeitungen im Mittelpunkt der reichhaltigen Produktion des ab:art-theaters. Glanzpunkt und Abschluss der ertragreichen Arbeit des ab:art-theaters war die deutsche Erstaufführung der „Briefe an Élise" von Jean-FrançoisViot in der Übersetzung von Thomas Stauder, die in Anwesenheit von Autor und Übersetzer am 28. November 2015 zu erleben war. Es war ein unglaublich berührender Theaterabend, mit dem die Geschichte des ab:art-theaters in Aschaffenburg ihren krönenden Abschluss fand. Heinz Kirchner und seinem Ensemble sei herzlich gedankt für 13 Jahre aktive und erfolgreiche Mitgestaltung unseres Spielplans.

Burkard Fleckenstein
Leiter des Kulturamts

***

Ich mag diesen Blick aus dem Altstadtcafé. Bei jeder Tasse guck ich zum Theater, bei jedem Schluck zum Theater, zum Bachsaal, zum Ordnungsamt. Rechts der Bachsaal, links das Ordnungsamt. Und das Theater dazwischen als Seil zwischen kirchlicher und staatlicher Macht, ein Seil, auf dem die Bühnenkünstler balancieren. Von Planungen verschont liegt der Karlsplatz unverhunzt da. Er ist einfach da. Mit Kugelakazien, Sitzbänken und dem Hinterteil des Theaters. Weil die Rückseite nicht so wichtig ist, hat man alles gelassen, wie es war,
Torbögen, Fries und Giebel, da hat kein *Gestalter* dran herumgefuhrwerkt.
Vom Karlsplatz werden Kulissen auf die Bühne gewuchtet.
Kronleuchter aus dem Meininger Kässbohrer, Geraffel aus dem Berliner Gripsbus, Wiener Blut aus Warschau, jeden Tag ein anderes Spektakel.
Aus der Garderobentür kommt der Herr Kirchner von der abartigen Truppe, die hat bald Premiere. Ein Riesending. Der *Märtyrer von La Mancha*, oder so ähnlich. Die Hauptrolle spielt der Herr Sylla, der kann auf Kommando in Tränen ausbrechen. Gut, das können viele. Das übt man in der ersten Klasse der Schauspielschule jeden Tag. Aber der Herr Sylla ist in der Welt des Theaters ein Unikum, er kann aufs Stichwort *bluten*. Ich hatte das Glück, einer Probe *beizuwohnen*, der Sylla hat sich so hineingesteigert, er sah aus wie die Therese Neumann, wenn Ihnen das was sagt. Dieser stigmatisierten Frau aus der Oberpfalz kam Blut aus den Händen und aus der Stirn, sogar aus den Augen!

Der Kirchner kommt näher. Ich versteck mich, senk meinen Kopf über die Kaffeetasse, damit er mich nicht erkennt. Der Kirchner biegt in die Pfaffengasse ein, hoffentlich sieht er mich nicht. Er sieht mich nicht. Er hat mich schon gesehn. Ob ich endlich fertig wär mit meinem Text, fragt er. Es geht um dieses Theaterprojekt, da soll ich einen Beitrag schreiben zum Jubiläum. Und dem Kirchner kann man nix abschlagen. Er hat sowas Maximilian-Schell-Frank-Schätzing-artiges, einen Charme und eine Begeisterung, die mich paralysieren. Ich frag ihn, bis wann ers braucht, er sagt, *Deadline* wär nächsten Freitag.

Ja, ich bin mittendrin, sag ich, und er: Da will ich nicht weiter stören. Jetzt komm ich ihm nicht mehr aus. Um Blut soll's gehn. Irgendwas mit Blut. Theaterblut, Deadline, auf was hab' ich mich da eingelassen. Mann Mann Mann.

Nachtrag Allerseelen 2016

Nach 13 (!) Jahren hat sich das ab:art-theater aufgelöst und ein Loch in die Aschaffenburger Kulturszene gerissen, denn es war das einzige Ensemble, das mit zuverlässiger Regelmäßigkeit eigene Stücke aufgeführt hat.

Die Premiere war jedes mal Überraschung und Inspiration. Ich hab' gestaunt, was aus dem Kirchner-Kopf herauskam und wie es seine Künstler umsetzten. Deshalb verurteile ich das Ende dieser Theatergruppe mit aller mir zur Verfügung stehenden Strenge.

Ja, ihr gehört zur Buße in ein Kloster gesteckt. Dort könnt Ihr Euch sammeln, dort könnt ihr bereuen und in einer Novene zu Judas Thaddäus beten, dem Heiligen für hoffnungslose Fälle. Dort könnt ihr ein neues Stück schreiben und proben und endlich die Premiere bekanntgeben. Nennt eure Wiedergeburt meinetwegen phö:nix oder tabu.la.rasa oder ab:art-reloaded oder was halt so ein Hirnsturm hergibt. Egal wie Ihr das nennt, Hauptsache, Ihr führt eure Spektakel mit den oft verstörenden, aber grad dadurch an-regenden Bildern auf.

Versteht ihr mich? Ihr gehört nämlich auf die Bühne, getreu dem Propheten Jesaja, Kapitel 38, Vers 20: „Darum wollen wir singen und spielen, solange wir leben."

Nun ja.

Es ist wie es ist.

Deadline.

In Heinz Kirchners Buch können wir uns nun einen Eindruck verschaffen, was wir in Zukunft versäumen.

Norbert Meidhof

***

Er hatte sich wahrlich keine einfache Aufgabe für seine erste Inszenierung ausgesucht.

Julius Maria Becker, Aschaffenburger Lyriker und Dramatiker, war entweder längst vergessen oder wurde in vager Erinnerung allein mit dem Nationalsozialismus in Verbindung gebracht. Es war im Sommer 2002, als ich zu dem jungen Ensemble stieß, das sich gerade in der Gründungsphase befand. Heinz Kirchner hatte Beckers „Der Brückengeist", das 1929 in Aschaffenburg uraufgeführt worden war, einer Bearbeitung unterzogen und wollte es erneut auf die Bühne bringen. Ich erinnere mich gut an die Stimmung im Ensemble, die zwischen Euphorie und fiebernder Erwartung schwankte, wie die Premiere wohl aufgenommen werden würde. Nach der Vorstellung am Premierenabend sagte der damals schon betagte Leiter der Ersten Aschaffenburger Kunstschule, Karl Albrecht Thiem, sichtlich gerührt zu mir: „Der Zugang zu Becker war mir lange Zeit verwehrt, erst heute Abend hat sich das geändert." Seine Aussage hat mich damals schwer beeindruckt, zumal Thiem persönlich mit Becker bekannt gewesen war.

Was Heinz Kirchner mit „Der Brückengeist" gelang, ist beispielhaft für die ertragreiche Arbeit der folgenden 13 Jahre. Er stellte sich damals selbst die Frage, ob es möglich sei, ein solches Stück in unserer Zeit noch spielen zu können. Dabei ging es ihm nicht vordringlich darum, unterhalten zu wollen. Er ist niemand, der den einfachsten Weg geht, sondern Herausforderungen sucht. Mit seiner Bearbeitung von „Der Brückengeist" berührte er nicht nur einstige Weggefährten Beckers, sondern entfachte auch Diskussionen in einer Gymnasialklasse, die eine Vorstellung geschlossen besucht hatte. Für den Regisseur Kirchner selbst ist das vielleicht das größte Kompliment, denn er ist ein Mann des Dialogs, der sich weder als Autor, noch als Regisseur erhaben über den Dingen stehend sieht, sondern stets die Verbindung zum Publikum im Blick behält. Er möchte es nicht berieseln, sondern begegnet ihm auf Augenhöhe. Er hat sich eine Offenheit bewahrt, die ihn von allem Festgefahrenen fernhält. Er weiß, dass er sein Publikum fordert und dass er es fordern kann. Er ist bereit, das Risiko einzugehen, zu provozieren, zu verunsichern oder gar zu schockieren. Dass er das in Kauf nahm und die Grenzen des Konventionellen immer wieder aufs Neue auslotete und auch durchbrach, ließ das „ab:art-theater" zum Geheimtipp für eingefleischte Theaterbesucher werden. Zwölf erfolgreiche Inszenierungen, darunter allein zehn Uraufführungen, sprechen für sich.

Es freut mich sehr, dass seine Stücke nun auch in geschriebener Form zugänglich sind. Seine Fähigkeit des atmosphärischen Schreibens, seine Gabe, die Worte so erscheinen zu lassen, als seien sie eigens für seine Figuren geschaffen, eröffnen dem Leser alle Möglichkeiten. Nutzen wir sie! Lassen wir unsere eigene Inszenierung entstehen, indem wir den Bildern und Gedanken, die das Geschriebene auslöst, Raum geben.

Florian J. Kerz
im Oktober 2016

***

Zu den Stücken

schwarzweissrot | "Boy meets Girl" In einer Tanzschule probt ein Mädchen, ihre Mutter ist Afrikanerin. Ein Junge im Outfit eines „Neonazis" kommt dazu, beobachtet sie, spricht sie an. Die beiden kommen sich sehr nahe, zu nahe. Als dann aber die beiden Kumpel des Jungen auftauchen, ändert sich alles brutal und radikal. Eine antike Tragödie aus heutigen Tagen. Das Stück gewann den Zuschauerpreis des Landestheaters Niederbayern.

MutterLiebeMutter | Ein junger Mann entführt eine Frau, die er für seine Mutter hält. In Rückblenden erlebt der Zuschauer die Qualen und Leiden einer
furchtbaren, lieblosen, durch die Grausamkeit der Grimm'schen Märchen geprägten Kindheit. Bis zum tragischen Schluss bleibt offen, ob der junge Mann tatsächlich der Sohn der Gekidnappten ist.

Haiymaath | In dem Stück geht es um die „Ablösung" einer alten, überkommenen Kultur durch eine neue Macht, die keine Sentimentalitäten, keine Skrupel kennt. Die Tragödie über die Müdigkeit der westlichen Welt führt uns resignierte Menschen vor, am Ende stehend und unfähig, ja unwillig, ihrem Schicksal eine Wendung zu geben.

Burkersdorph - Ein Mörder | Ein düsteres, äußerst beklemmendes Kammerspiel-Psychogramm, das auf einer wahren Begebenheit beruht. In einem oberfränkischen Dorf erdrosselt und ersticht im Jahre 1978 ein 20-Jähriger seine Großtante. Bei Verhören vor Gericht gibt er an, von ihr jahrelang sexuell missbraucht worden zu sein. Als die Dorfbewohner davon erfahren, sind sie fassungslos. Niemand hätte ihm eine solche Bluttat zugetraut. Das Drama versucht zu ergründen, wie es zu so einer schrecklichen Tat kommen konnte und wie die Innenwelten eines zum Mord Getriebenen beschaffen sind.

Dalbergtauben | Dalbergtauben versucht, sich der schillernden Figur Julius Maria Becker, gerade auch der privaten, intimen, in 20 ständig in der Zeit springenden Szenen, anzunähern. Wir sehen ihn, stets an der Seite seiner geliebten Frau Luise, in all seiner Gebrochenheit und Widersprüchlichkeit. Nie anbiedernd, aber auch nie verräterisch. So richtig sympathisch wird der konservative Opportunist mit dem One-Hit-Wonder „Der Brückengeist" dem Zuschauer nicht werden. Aber ihn aus der Rückschau ausschließlich auf seine Nazi-Liaison zu reduzieren, das lässt das Stück nicht zu.

Alte Maenner in lächerlichen Outfits - A.M.I.L.O. | Helene, 45, spätes Mädchen und Hubert, 55, großer Junge, lernen sich auf einer Rundreise durchs Baltikum kennen. Beide haben ein Handicap, das sie zutiefst geprägt hat. Und beide haben ihre Leichen im Keller. Auch der schwerblütige finnische Tango spielt eine Rolle, selbst wenn man ihn gar nicht wirklich zelebriert, denn Hubert ist ein leidenschaftlicher Nichttänzer, bestenfalls Wipper, der von einem Fotoband mit alten Männern in lächerlichen Outfits träumt. Und Helene tanzt sowieso am liebsten mit ihren Freunden Pekka oder Mikka durch das ganze verdammte Finnland. Am Ende wird aus der verrückten Rundreise eine hauchfeine Liebesgeschichte, und im Keller ist auch noch das eine oder andere Plätzchen frei. Vielleicht für den dussligen litauischen Kellner Edgaras oder John Malkovichs hässlichen Bruder, den penetranten schwäbischen Nerd Alfred.

Britpop | Feincord, dunkelblau |Dem Stück liegt Heinz Kirchners Erzählung „Adamos Südstaatlermütze" zu Grunde. Es spielt im Jahre 1966 und ist eine glühende Hommage an die legendäre Band „The Kinks".
Alwin und Robert haben in Herthas Bar im Fernsehen während des Zieleinlaufs einer Etappe der Tour de France den zutiefst verachteten Schnulzenfuzzy Adamo gesehen - aber - und das ist der springende Punkt - langhaarig und auf dem Kopf eine Südstaatlermütze. Und die müssen die beiden unbedingt haben. Also, nichts wie auf nach Paris! Wahrscheinlich wäre alles wunderbar gelaufen, hätte da nicht der kleine DKW-Junior angehalten, um sie zu nächsten Bahnhof mitzunehmen ... Die tragische Geschichte einer wunderbaren Jungenfreundschaft, in der

die rassige Ramona, mit dem schönsten Sprachfehler der Welt und dieser sexy Feincordhose in Dunkelblau, alles durcheinander wirbelt.

1913 - Eine Silvesternacht | Am 16. Dezember 1913 wird im Aschaffenburger Stadttheater Julius Maria Beckers Einakter „Eine Sylvesternacht" uraufgeführt. Becker ist 26 Jahre alt. Das brisante Stück, das mit einer schockierenden, blasphemischen Variante eines Selbstmordes endet, entfacht einen Pressekrieg zwischen der *Aschaffenburger Zeitung* und dem katholischen *Beobachter am Main*, der „Pessimismus und Unmoral" des Werks scharf attackiert. Heinz Kirchner hat Beckers Stück bearbeitet und verknüpft und durchwirkt die Bühnenhandlung mit Geschehnissen aus dem Vorkriegsjahr - aus Aschaffenburg und dem kulturellen und politische Deutschland und Europa.
Und niemand ahnte damals, welch grauenerregendes Unheil das darauffolgende Jahr über die Welt bringen würde.

Über den Gärten | Ein ähnlich hermetisches, geheimnisvolles, unverortetes Stück wie Haiymaath. Auch hier geht es um eine dumpfe, dunkle Angst vor dem Unbekannten, das allmähliche Schwinden der eigenen Identität und letztlich die brutale und sinnlose Verteidigung des einst sicher geglaubten Territoriums.
Ein Mann lebt auf dem Balkon hoch über den Gärten. Seine Frau ist verschwunden, und die Tür zur Wohnung verschlossen. Unten zwischen den Gärten windet sich ein träger, stinkender Bach, an dem Versprengte ihr Lager aufgeschlagen haben und auf etwas warten. Eines Tages bekommt der Mann auf dem Balkon Besuch mit ungeahnten Folgen. Vier Personen haben den Weg vom Bach durch den „Glyziniendschungel" auf den Balkon hoch über den Gärten ge-schafft. Und die haben nicht vor, sich auf den Weg zurück zu den am Bach lagernden Barbaren zu machen. Ein ungleicher Machtkampf beginnt, in einem Stück von brennender Aktualität.

ab:art-theater. 2002 bis 2015 | Herzlichen Dank an:

Berthold Brunn, Kordula Kohlschmitt, Torsten Kleemann, Steffen Rosenberger, Mike Lörler, Florian Kerz, Jürgen Brenner, Bodo G. Toussaint, Peter Rose, Joschi Pevny, Wolfgang Schnellbacher, Frank Heck, Katrin Bindernagel, Anna Ewelina Cieplinski, René Fugger, Simone Wagner, Agnieszka Kleemann, Albrecht Sylla, La Dinh Quang, Stephan Ebert, Sabine Grant-Siedel, Norbert Meidhof, Carin Grausam, Hanne König, Cornelia Denk, Achim Greser & Heribert Lenz, Daniel Stenger, Johanna Serg, Thomas Amberg, Carolin Meier, Susanne Hasenstab, Jörg Fabig, Carsten Pollnick, Marie Schwind und Christoph Sauer, Stefan Varga, Stefan Valentin Müller, Hajo Schmidtner, Vic Schlusky, Emil Emaille, ...

schwarzweissrot

Uraufführung 2003 | Stadttheater Aschaffenburg

Personen

Mädchen   farbige junge Frau, 18 bis 25 Jahre alt
Junge/Junge   junger Mann, ab 18 Jahre alt
kann/sollte von zwei Schauspielern gespielt werden
der *„rote" Junge (allein) = kursiv* und der „schwarze" Junge

Einheitsbühne mit drei Schauplätzen für das Mädchen, den Jungen und
dann für beide zusammen.
Die Schauplätze können mit jeweils wechselndem Licht herausgehoben
werden.

*„Zum Schluss, lieber Calvino, möchte ich dich auf etwas aufmerksam ma-
chen. Nicht als Moralist, sondern als Analytiker. In deiner .... Antwort .... ist
dir ein Satz entschlüpft, der in doppelter Hinsicht unselig ist. Es handelt sich
um den Satz:
‚Die jungen Faschisten von heute kenne ich nicht, und ich hoffe auch, dass
ich keine Gelegenheit haben werde, sie kennen zu lernen.'
Es ... ist der Wunsch, nie junge Faschisten kennen lernen zu wollen, eine
Lästerung, denn wir sollten im Gegenteil alles tun, um sie zu finden und mit
ihnen zu sprechen. Sie sind nämlich nicht vom Schicksal auserwählte und
prädestinierte Ausgeburten des Bösen: Sie sind nicht geboren worden, um
später Faschisten zu werden.
Niemand hat ihnen, als sie halbwegs erwachsen und im Stande waren, sich
zu entscheiden – aus Gründen und Zwängen heraus, die wir nicht kennen –
rassistisch das Brandmal des Faschisten aufgedrückt.
Was einen jungen Menschen zu dieser Entscheidung treibt, ist eine Mi-
schung von grenzenloser Verzweiflung und Neurose, und vielleicht hätte
eine kleine andersartige Erfahrung in seinem Leben, eine einzige simple Be-
gegnung genügt, um sein Schicksal anders verlaufen zu lassen."*
(Pier Paolo Pasolini, Freibeuterschriften)

Mädchen

(Dunkel; lange anhaltender, schwebender Ton.)
Plötzlich hat er auf mich eingeschlagen. Von jetzt auf gleich. Ohne War-
nung, ohne Ankündigung, ohne mir auch nur den Hauch einer Chance...!
Der erste Schlag war furchtbar ... ich sah tatsächlich diese Comic-Stern-
chen, die dem Donald oder dem Goofy bei solchen Gelegenheiten immer
um die Köpfe schwirren. Dann wurde es dunkel und warm, das Blut, das
viele Blut lief mir in die Augen, in die geöffneten Augen wie ein roter und
dann schwarzer Vorhang lief es über meine Pupillen, ein fürchterlich
klebriges Zeug. Die nächsten Schläge , ... wie eigenartig, ... die spürte ich
gar nicht mehr als Schmerz, eher als Bewegungen meines Körpers, hörte
diese dumpfen Aufschläge wie von ganz weit. Dann wurde es weich und
kühl und hell ...
Der Junge schaute mich mit entsetzten Augen an beim ersten Schlag , über
seinem Kopf eine riesige Sprechblase, nein, ich meine diese Denkblasen,
diese wolkenähnlichen Dinger, von denen diese Bläschen zum Kopf der Fi-
gur führen. In dieser Denkwolke stand ein riesengroßes „Sorry!" Der
fassungslose, verzweifelte Blick war wie eine einzige gigantische
Entschuldigung! Faszinierend!
(Bach: Prelude. Das Licht wird mehr, sie tanzt dazu; ihr Kopf ist mit rotem
Tüll verhüllt.)

Junge

Sie hat es nicht anders verdient, diese Dreckschlampe, diese scheiß Nigger-
fotze! Weggefegt gehören die! Ausradiert, mit Stumpf und Stiel! Was wol-
len die hier, diese scheiß Dreckskanaken! Scheiß Dreckschlampe! Scheiße!!
Ich hab ihr gesagt, kuck mich nicht an, kuck mich nicht an! Ich hab ihr
gesagt, hör auf mit deiner schwulen Gefühlsscheiße! Hör auf!! Selber
schuld, selber schuld, selber schuld! Scheiße! Scheiße! Scheiße! Scheiß Blut
überall! Überall Scheißblut! Mein T-Shirt! Alles voll von diesem scheiß
Niggerscheißblut!
(Dunkel; laute, harte Musik)

Mädchen

Ich tanze für mein Leben gern, für mein Leben. Ich liebe diese alten Tanz-
filme, Fred Astaire, Gene Kelly ... Diese Mädchenträume, Märchenträume,

wenn alle Menschen einer Stadt – das waren ja damals alles nur Kulissen, eigentlich lächerlich – wenn alle Menschen einer Stadt durch die Straßen, über die Plätze tanzen, anstatt zu laufen, in den Gesichtern ein seliges Lächeln, die „Anmut" der Bewegungen, das pure Glück, das Paradies auf Erden.

Manche auf diesen komischen Fahrrädern mit diesen irre dicken Ballonrädern und diesen riesigen geschwungenen Lenkern. Andere auf Rollschuhen, Inlineskater gab's ja damals noch nicht. Alles tanzt und singt und lacht ... die Klamotten in Bobonfarben, pink, hellblau, quietschgelb ...

Ich war auf dem Weg zur Tanzschule, ging im Kopf meine Choreographie durch, tanzte im Kopf durch die Straßen, Kulissen ... Ich war so glücklich, ja ich war heute so unsagbar glücklich. Ich hätte tanzen können auf der Straße, ehrlich gesagt tat ich es auch, ab und zu. Einen kleinen Sprung, eine knappe Drehung, ein Trippeln, ein Lächeln. Ich lächelte die Menschen an, nickte dem ein oder anderen dabei zu. Das wirkt Wunder, da kommt was zurück. Ich war heute eine Stunde früher, ich wollte meinen Tanz für die Zwischenprüfung noch einmal ganz allein für mich üben.

Ich zog mich schnell in der kleinen Kabine um. Schwarze Leggings, weißes T-Shirt, barfuß. Kurzes Warming-up. Legte die CD in den CD-Spieler, Knopfdruck, dann schnell in Position. Den Körper gestrafft, Arme mit „Anmut" - meine Tanzlehrerin liebt dieses altmodische Wort „Anmut" – Arme also mit Anmut nach oben gestreckt, das Lächeln in die Spiegelwand. Und dann ....

Junge

(Der „schwarze" Junge kommt durch den Zuschauerraum auf die Bühne. Er stopft ein weißes Hemd und eine Krawatte in eine Alditüte.)
Ich war noch nie in dieser Gegend, noch kein einziges Mal. Hab mich fast verlaufen, weil ich so schnell weg bin. Mann, die haben genervt, die Scheißtypen. Mit ihrer Politscheiße. Die Gegend war nicht gut für mich, das hab ich gleich geschnallt, überall Scheißkanaken, überall Nigger und Ölaugen. Scheiße! Dies scheiß Geglotze, Mann hat das genervt! Angst? Ich? Nein! Nur das scheiß Generve von diesen Scheißtypen. Ich hasse es, wenn man mich anglotzt!!! Das macht mich voll aggressiv! Ich hasse das, ist das klar?! Ich will mit dieser Politscheiße nichts zu tun haben! Die haben ja recht! Ich seh das auch so! Aber dieses ständige Gelaber, diese Parteischeiße! Da kann ich ja gleich zu den Kaninchenzüchtern! Dann seh ich dieses graue Haus. In meinen Rücken das scheiß Kanakenge-

starre!! Hunger hatte ich, in der Plastiktüte vier Dosen Bier, paar voll ab-
gefahr'ne CDs Ich also rein ins Haus. War mir sicher, dass es leer steht!

Mädchen
(Sieht im Spiegel den Jungen. Er hält einen Baseballschläger in den Hän-
den.)
Hallo....

Junge
Hallo, (Sie öffnet ihr Haar.), hallo .... Niggerfotze ...!

Mädchen
O, mein Dummy [spricht: dammi]! Gib her, den brauch ich zum Üben.

Junge
Dammi?

Mädchen
Ich meine Dummi [spricht: dummi], ... so wird ...

Junge
Ey, ey, ey, du spielst mit deinem scheiß bisschen Niggerleben, ist dir das
klar?

Mädchen
So wird das geschrieben, „dummi", ... das ist –

Junge
Okay, okay, ich weiß, bin doch nicht weich im Kopf! „Crash Test Dummy"
und so! So als ob oder so...

Mädchen
Ja, ich brauch den für meinen Tanz, ...

Junge
Einen Baseballschläger? Machst wohl `nen Faschotanz oder was?

Mädchen

Ha, ha, ha! Nein, für den Tanz brauch ich dann einen goldenen
Stab, den ...

Junge

Der liegt gut in der Hand. Der Golfschläger für Arme. (Er holt aus und
hält kurz vor ihrem Kopf inne.) Du kennst doch die „Smashing Pumpkins"?
Geiler Gruppenname!

Mädchen

(Er streicht ihr mit dem Schläger von der Brust über den Hals ans Kinn.)
Geile Musik. Gib her, ich brauch den!

Junge

„Smashing Pumpkins", echt fetter Gruppenname. Oder „Smashing Nigger-
head" Auch geil! (Er holt wieder aus, macht das gleiche Spielchen.)
Sma ...ssssshhh ....!!!! Sma ...ssssshhh ....!!!! Sma ...ssssshhh ....!!!!

Mädchen

Gib schon her! In einer Stunde muss ich vortanzen! Zwischenprüfung ...
Ich hab keine Zeit für diese Spielchen ....
Sma ...ssssshhh ....!!!! (Sie schnappt sich den Schläger und holt aus.)
Sma ...ssssshhh ....!!!! „Smashing Red Neck"! Geiler Gruppenname!

Junge

Echt geil! Du bist ganz schön dreist, Nigger! Ganz schön dreist!

Mädchen

Natürlich hatte ich Angst. Wie ich immer etwas Angst habe, eine Art
Grundangst, wenn ich alleine durch die Straßen gehe. Wenn die Typen
mich anstarren mit dieser unverhohlenen Frechheit, mit diesem dummen
Ausdruck der Überlegenheit in den Gesichtern, natürlich ...
Ich habe eigentlich ein gutes Feeling dafür, ob die wirklich

gefährlich sind. Es gibt da welche, die muss ich nur einmal anlächeln, dann schauen sie weg, oder werden rot und starren auf ihre Schuhspitzen ... Den Jungen konnte ich schlecht einschätzen. Auf jeden Fall war er nicht dumm und auch nicht unsensibel, aber irgendwie geladen, wie eine kleine kompakte Bombe, hellwach und immer bereit zu reagieren. Wie ein Kater wenn er sein Revier abgeht, alle Antennen gespreizt, alle Kanäle auf „on" ...

Mädchen
Wenn du dich zum Tanzkurs anmelden willst, bist du zu früh ...

Junge
(Trinkt Bier, verschluckt sich; lacht und hustet lang.)
Tanzkurs? Ich und Tanzkurs? ---- Pogo? Wird hier auch Pogo unterrichtet? (Lacht.)

Mädchen
(Lacht mit.) Pogo in Togo. Propaganda in Uganda. Meine Mutter kommt aus Togo. Pogo in Togo.

Junge
Hör auf zu lachen, Nigger!! Wenn ich lache, hast du noch lange nicht zu lachen, okay? Ob das okay ist, du Niggerschlampe?

Mädchen
Woher weißt du, dass ich eine Schlampe bin?

Junge
Schnauze Sklave! Was wollt ihr alle hier? Geht doch dahin, wo ihr hinge-hört!

Mädchen
Meinst du vielleicht zum Baumwolle zupfen in die Südstaaten? (Lacht.)

Junge
Zum Beispiel, Schlampe! Oder zu den Hottentotten! Oder nach Togo!

Mädchen

Also Pogo wird hier nicht unterrichtet. Aber Stepptanz zum Beispiel oder HipHop!

Junge

(Er steht auf und macht einige Pogosprünge.) Der Boden ist geil. Der federt voll geil! HipHop? Diese fetten Niggersklaven mit ihren schwulen Goldketten. Eklig wie die in ihren versifften Slums um die brennenden Mülltonnen rumlungern und ihre stumpfsinnigen Gedichte runterleiern.

Mädchen

Ich find HipHop auch scheiße.

Junge

Tickst du nicht richtig? Das ist doch unlogisch!! HipHop scheiße? Du spinnst wohl? Willst dich wohl einschleimen, Schlampe?

(Ballettmusik.)

Mädchen

Er hat sich dann hingesetzt, war ganz außer Atem. Hat mich angestarrt und dann in seiner Plastiktüte gekramt. Ich hab weitergetanzt , paar Drehungen gemacht, mit viel „Anmut". Er hat mich angestarrt. Mich und mein Spiegel-bild, abwechselnd. Hat sich entspannt. Ich hab ihn aus den Augenwinkeln beobachtet. Sein Gesicht war sehr müde und sehr weiß und sehr jung ...

Junge

Ich war fertig. Den ganzen Tag Stress mit diesen Politwichsern. Dieser Penner Andi. Ständig diese Theoriescheiße, diese Parteischeiße. Das sind doch alles Spießer, wie die andern auch. Ich mach mein Ding, mein eigenes Ding ... Und den ganzen Tag nichts gegessen. Das eine Bier auf nüchternen Magen hätte mich fast umgehauen. ... und dann diese scheiß Opernkacke, schläfert einen voll ein. Und wie sie dazu tanzte , das Mädchen, die Schlampe mein ich, .. voll eingeschläfert hat mich das, Kontrollverlust, voll Scheiße ....

Mädchen

Hier, du siehst irgendwie hungrig aus.

Junge

Was ist das für 'ne Scheiße? Ich fress' keine Niggerscheiße!

Mädchen

Keine Angst, ist keine Niggerscheiße. Ist nur Kamelscheiße!

Junge

Kamelscheiße? Willst du mich verarschen?

Mädchen

Nein, nein. So wird das in Togo genannt. Weil es so ähnlich aussieht!

Junge

Kamelscheiße für Weiße! Ich lach mich krank!

Mädchen

Hat meine Mutter gemacht: Die beste Kamelscheiße der westlichen Welt, sagt mein Vater immer !

(Ballettmusik.)

Junge

Dann hab ich diese scheiß Kamelscheiße gegessen. Aber nur, weil ich so furchtbar hungrig war. Ich hätte fast gekotzt vor Hunger. Ich saß auf dem Boden, an die Wand gelehnt, hab die Kamelscheiße gegessen und mein zweites Bier aufgemacht. Es ging mir scheißgut. Kein Stress mehr, keine Panik. Die Opernkacke, dieses Mädchen, das tanzte und die beste Kamelscheiße der westlichen Welt, ... ich muss dann wohl eingeschlafen sein.

Mädchen

Ich hab ihn beim Tanzen aus den Augenwinkeln beobachtet. Er tat erst so, als würde ihm die Kamelscheiße nicht schmecken, verzog absichtlich das Gesicht und so. Aber, gegen Mamas Kamelscheiße hat keiner eine Chance, selbst der härteste Nazi nicht. Dann hat er sich entspannt, sah unendlich müde aus, richtig abgeschlafft, total fertig. Dann fielen ihm die Augen zu und er fing an zu schnarchen. Ein zartes Geräusch, ein feines Flattern seines Zäpfchens. Im Mundwinkel hing ihm noch etwas Kamelscheiße .... In dem Moment hätte ich gehen können. Aber irgend etwas zwang mich, dazubleiben. Es war dieser kleine braune Rest Kamelscheiße in seinem rechten Mundwinkel. Das störte mich ungemein, dieser braune Fleck in dem blendend weißen Jungengesicht ....

Junge
Ich hatte von meiner Mutter geträumt. Von dem Bild, das ich in meinem Schulatlas versteckt habe. Seite 48, Afrikanische Staaten. Mein Vater würde mir die Fresse polieren, wenn er es finden würde. Zu Recht! Völlig zu Recht! Auf dem Foto ist sie im Badeanzug zu sehen, schwarz ist er. In Wirklichkeit war er knallrot, ist ein Schwarz-Weiß-Foto. Ich steh neben ihr, fünf Jahre alt, Leoparden-Badehose, Plastikschaufel in der einen Hand, an der anderen die Hand meiner Mutter. Ich seh zu ihr auf, mit offenem Mund, Sie winkt meinem Vater zu, der sie fotografiert hat. Der rechte Träger vom Badeanzugist ihr über die weiße Schulter gerutscht, man sieht den Ansatz ihrer Brust ...
Am nächsten Tag war sie weg, die Drecksschlampe, mit irgend so einem Dreckskerl ... Das Bild hab ich zerrissen und in die Abfalltonne geschmissen. Am nächsten Tag hab ich's dann wieder rausgewühlt zwischen faulen Kartoffeln und stinkigen Fischkonserven. Hab's mit Tesa wieder zu-sammengeklebt. Mein Vater wenn's wüsste, oh oh oh, er würde' mich totschlagen.

(Das Mädchen kniet vor ihm und reinigt seinen Mund.)

Junge
Fass mich nicht an!! Ich hasse es!! Kuck mich nicht so an, du Drecks-schlampe!! Verpiss dich!! Verpiss dich endlich!!(Er stößt das Mädchen weg.)

Mädchen
He! He! Du hast geschlafen, und dann hast du geredet! War das deine Mut-ter? Was ist mit ihr? Ist sie weg?

Junge
(Schreit) Halt dein dreckiges Niggermaul! Sie ist die gleiche Drecksschlampe
wie du!! Alle Drecksschlampen!! Alle!! Alle!!

Mädchen
Fehlt sie dir? Sie fehlt dir? Wenn meine Mutter, ... ich würde sterben!

Junge
Hör auf mit dieser schwulen Gefühlskacke!! Hör auf!!

Mädchen
Ich wollte nur, ... du hattest noch Kamelscheiße im Mundwinkel ...

Junge
(Vom Schlaf verwirrt.) Kamelscheiße?

Mädchen
Ja, die beste Kamelscheiße der westlichen Welt!

Junge
Die beste ...? Ach ja ... Kamelscheiße! Kamelscheiße im Mundwinkel!
(Lacht.)

Mädchen
„Kamelscheiße im Mundwinkel!" Guter Gruppenname! (Lacht.)

Junge
Wirklich guter Gruppenname! „Kamelscheiße im Mundwinkel!"
(Beide lachen lange.)

Mädchen
Deine Mutter ist tot, gestorben?

Junge
Ich hab ein Bild von ihr. Sie ist weg, auf und davon. Macht nichts.
Ich war fünf. Brauch sie nicht. Die Drecksschlampe ist mit so einem
Dreckskerl ...

Mädchen

Hast du das Bild ...

Junge

Nein, es ist zerknittert, geklebt, ich hatte es zerrissen und dann ...
Es ist in meinem Schulatlas, Seite 48, Afrikanische Staaten ...

Mädchen

Afrikanische Staaten ....

Junge

Du kannst ruhig weitertanzen ...

Junge

Ich bin eingeschlafen, einfach weggepennt. Das Bier, der Hunger, der scheiß
Stress.

Junge/Junge

Wie lang hab' ich wohl gepennt? Scheiße! Scheiß Kontrollverlust!
Andis Worte! Kein Kontrollverlust! Nie Kontrollverlust! Er hat uns mal eine
Stelle aus einem Buch vorgelesen, von so 'nem Dreckskommunisten. Hasler
oder so ähnlich, österreichische Kommunistensau, meint Andi. Der
beschreibt, wie einige coole Nazitypen ein behindertes Mädchen, äh ...
halt ficken, nacheinander und dabei gleichzeitig mit einer Pistole irgend-
welche Flaschen abknallen. Andi meint, wir sollten uns die Typen als
Vorbilder nehmen. Das ist die totale Kontrolle, die totale Wachsamkeit,
in so einer Situation, Herr der Dinge zu sein, in so einer Situation, ...
Sie hätte abhauen können, so fest wie ich gepennt hab'. Sie hätte einfach
verschwinden können, einfach weg?

Jetzt tanzt sie wieder. Hat die keine Angst? Hat die keine Angst vor mir?
Also, ich hätte schon Angst vor mir, wenn ich, ... also an ihrer Stelle ...
Kontrolle, Kontrolle, Kontrolle, ... Sie kann ... , eigentlich, ... na ja bei den
Schwarzen, bei den Niggern halt da, die, sagt man so, ham das ja im Blut.
In ihrem Scheißniggerblut eben.

Ich hatte mal nen Kumpel, als Kind, Nigger,
schwarz wie Katzenscheiße. Der hieß Hans-Heinz! Hans-Heinz, muss man
sich vorstellen! Schwarz wie verdammte Katzenkacke und heißt Hans-Heinz!
(Lacht.) Seine Mutter hatte sich von so ´nem Scheiß GI, na ja ! Wir dachten
natürlich alle, so schwarz wie der ist , und groß war er und schnell, ... wir
dachten natürlich, blöd wie wir waren, der muss automatisch auch vollgut
Fußball spielen können, muss das sozusagen in seinem scheiß Niggerblut
haben.

Irgendeiner hat ihn dann Lumumba genannt. Das hat ganz anders zu
ihm gepasst als dieser idiotische Hans-Heinz! Jedenfalls traf der Typ keinen
einzigen beschissenen Ball, hat aber dann doch in unserer Mannschaft
gespielt. Als Abschreckung, meinte unser Trainer, als „schwarze Perle"!
Unsere Trikots waren weiß strahlend weiß! Die Frau vom Trainer hat sie
nach jedem Spiel gewaschen, sie hingen bei ihr im Garten auf der Wäsche-
leine, nebeneinander. Ging links beim Torwarttrikot los und dann der Reihe
nach. Ich hatte die 10. Rechts daneben hing die 11, das war Lumumbas
Trikot: strahlend weiß und die 11 hintendrauf schwarz wie schimmernde
Katzenscheiße!

Es war immer das gleiche. Wenn wir aufliefen, haben die andern sofort auf
Lumumba gestarrt, richtig ängstlich fast. Doch wenn er dann das erste Mal
voll über den Ball getreten ist, hat alles gelacht ...

Aber er hat in jedem Spiel sein Tor gemacht. Weil sie ihn unterschätzt
haben, seine Schnelligkeit gnadenlos unterschätzt. Der is' nach jedem
beschissenen Ball gelaufen, wie ein kackschwarzer Windhund. Die
Abwehr ist stehen geblieben, weil keiner von denen geahnt hat, wie schnell
der ist.

Bis der Torwart was gemerkt hat und endlich rausgelaufen ist, war
Lumumba schon am Ball und hat den irgendwie reingespitzelt, wenn's sein
muss mit der Hüfte oder dem Knie oder dem Bauch ....

Dann hat er sein Trikot über den Kopf gezogen, das haben die Bundesliga-
spieler erst Jahre später gemacht, und hat die schwarze 11 ins Publikum
gezeigt. Die war so schwarz wie sein beschissener Niggerbody, schwarz wie
verdammte Katzenkacke eben, ... Hans-Heinz.

Sie tanzt, als ob sie allein wär´. Ich sehe, wie sie mich heimlich aus den
Augenwinkeln, ...! Hat der Antifußballer doch in jedem Spiel so ein
verrücktes Tor gemacht, einmal sogar mit seinem bekackten Niggerarsch.

Warum ist sie nicht abgehauen, dann wär' das alles, dann wär' alles anders, ganz anders ....

Mädchen

(Ballettmusik)

Ich hab dann weitergetanzt, hab mich so gut wie nie gefühlt. Alles ging so leicht. Viel, viel „Anmut" ... Er hat mich beobachtet, hat dabei den Rest von Mamas Kamelscheiße gegessen und Bier dazu getrunken ... Er sah richtig f e i n aus, als er so dasaß und schaute ..., zerbrechlich, zerbrochen ..., ich weiß nicht, irgendwie so ... und dann, ja dann machte ich meinen Spagat. Nichts besonderes, ein Spagat im Stehen halt. Linkes Bein unten, rechtes Bein in einer Linie dazu an der Wand. Da fiel ihm die Kamelscheiße aus dem Mund ...

Junge

(Klatscht.) Wow! Geil! Geiler Niggerspagat!! Das zieht ja alles auseinander!

Mädchen

So ziemlich alles. Ist nicht so dramatisch, sieht nur so aus.

Junge

Auf dem Bild hat die Drecksschlampe, meine Mutter halt, da hat sie einen roten Badeanzug an. Das weiß nur ich und mein Vater natürlich, der hat das Bild ja gemacht. Auf dem Schwarz-Weiß-Bild ist der Badeanzug natürlich schwarz, klar, logo ...

Mädchen

Und du, bist du auch auf dem Bild?

Junge

Ja.

Mädchen

War sie, äh, ist sie hübsch, deine drecksschlampige Mutter?

Junge

Sie hält mich an der Hand, in der andren hab' ich eine graue Plastikschaufel, hellblau in Wirklichkeit. Ich seh zur ihr auf, und reiß den Mund auf, weil ihr in diesem Moment der Träger von ihrem Badeanzug über die Schulter rutscht. Man sieht den Ansatz ihrer .... Scheißtitten ...! Aber ich bin zu klein, viel zu klein, ich wollte sie so nicht sehen, ... ich will das nicht ...
Manchmal möchte ich das Bild zerreißen, zerstampfen ... aber es ist das einzige ... . Ich hab mir überlegt, ob ich den Träger mit einem schwarzen Filzstift ..., ach Scheiße ...

Mädchen

Ganz schöne Gefühlskacke ....

Junge

Ja, die schönste Gefühlsscheißkacke der gesamten westlichen Welt ...

Mädchen

... und mitten in den Afrikanischen Staaten ...

Junge

... mitten in der afrikanischen Kamelscheiße. Das war Zufall ...!!

Mädchen

Ich hab' dann weitergetanzt. Es war okay. Es war seltsam. Ich hab' mich gut gefühlt. Keine Angst. Keine Grundangst sogar. Er drehte sich eine Zigarette, blies den Rauch in die Luft, sah ihm nach, sah mich an, sah in den Spiegel, rauchte weiter ... Es war alles okay. Normalerweise mag ich das nicht ..., ich meine, wenn mir jemand zuschaut beim Tanzen. Ein einzelner meine ich. Vor Publikum, das man vor Scheinwerferlicht eh nicht sieht ist das kein Problem ... Aber vor einem einzelnen, vor einem ... Banausen ... und dann noch mit dieser wahnsinnigen „Anmut" ... Irgendwie tanzte ich für ihn, ... irgendwie schon ..., ich weiß nicht ...

Junge

Und deine Mutter ...?

Mädchen

Du meinst meine Drecksniggersklavenmutter?

Junge

Ja, ich meine deine Drecksniggersklavenmutter!

Mädchen

Ich habe Bilder von ihr, viele Bilder, bunte Bilder, Bilder aus
den afrikanischen Staaten.

Junge

Und ist dein Vater auch drauf, auf diesen Bildern? Ist er auch drauf,
mit der Banane in der Hand und lockt deine Drecksniggersklavenmutter
damit aus dem stinkigen Drecksbusch?

Mädchen

Er ist auch drauf, mein weißgeschissener Vater. Nur lockt ihn meine Mutter.
Mit ...

Junge

... mit, lass mich raten, mit ... scheißbeschissener Kamelscheiße??

Mädchen

... richtig, mit scheißbeschissener Kamelscheiße!! (Beide lachen.) Dir fehlt
deine drecksschlampige Mutter, oder?

Junge

Bitte hör auf mit der Gefühlsscheiße! (Schreit.) Hör auf!! Lass mich in
Ruhe! Was quatsch' ich überhaupt mit dir. Eigentlich müsst' ich dich
klatschen, verschärft fett in die Fresse, weißt du?

Mädchen

Eigentlich schon ...

Junge

*Ich weiß gar nicht, was mit mir los war, auf einmal? Unterhalt' mich
mit 'ner Niggerfotze. War ich plötzlich weich im Kopf, matschig im Hirn,
oder was. Alles durcheinander, auf einmal. Sie tanzte weiter, ich sah ihrzu.
Ich seh' einer Niggerfotze beim Tanzen zu. Seh' zu, wie die zu so 'ner*

Opernarienkacke tanzt und mir zulächelt! Scheiße mit der Scheiße! Ich hab'
dann kurz mal durchgedreht und gebrüllt, hab' ne geile CD reingeschoben
und abgetanzt. Pogo! Geil, wie der Boden gefedert hat!
(Musik)
Ab ging das, wie Hölle! Sie hat mich beobachtet, ich hab's aus den Augen-
winkeln gesehn. Das hat mich wütend gemacht, hat mich angestachelt.
Als das Lied vorbei war, hat sie geklatscht! Völlig neben der Spur!

Mädchen
Das war toll, du kannst dich ja richtig bewegen! Wie kriegst du diese
hohen Sprünge hin? Diese irre Drehung? Du kannst ja richtig tanzen!

Junge
Willst du mich verarschen? Hör auf mit dieser Kunstkacke! Ich mach das
nur so, einfach so. Das ist kein Tanz, das ist Dreck! Das ist der Dreck, der
aus mir rauskommt! Die ganze Drecksscheiße, von der ich voll bin bis zum
Kragen! Das kommt dann alles raus – explosionsartig! Sma ...ssssshhh ... !!
Das ist wie, ja das ist wie, wie wenn halt so'n scheißbeschissener Kürbis
aufplatzt - Sma ...ssssshhh .... – und die ganze Kürbisscheiße spritzt
durch die Gegend, ... blubber, schleim, kotz, würg ....
Als Kind musste ich meiner Mutter ..., ach Scheiße!

Mädchen
Was hast du gemusst?

Junge
Das war noch kein Pogo , damals, das war ...., Scheiße ....

Mädchen
Das war Scheiße?? Wie lustig ....

Junge
Nein, ich musste ihr, ich wollte das ja auch, ...

Mädchen
Sind wir hier in einer Quizsendung? Wer wird Millionär, oder was?

Junge

äh, ..., na ja, ... tan... , tanzen halt ....

Mädchen

Ich fass' es nicht, du hast deiner Mutter vorgetanzt? Das ist ja goldig!

Junge

Goldig ist Scheiße!! Goldig, süß!! Ich hasse das! Diese scheißpinkrosa schwulen Tussiwörter! Kotzen könnt ich!! Goldig!! Süß!! Süße Scheiße!!

Mädchen

Wie ? Wie hast du getanzt? Germanischen Rundtanz oder Kinderpogo oder was? Entschuldige, ich wollte dich nicht, ... sorry!!

Junge

(Schweigt lange, windet sich, schlägt mit dem Kopf gegen die Wand.)

Mädchen

Lass' mich raten. Den Katzentatzen-Tanz? (Singt.) „Und die Katze tanzt allein, tanzt allein auf einem Bein."

Junge

Nein, nicht so 'ne Kinderkacke, nicht so 'nen Schwachsinn!

Mädchen

Du wirst doch nicht? Ich glaub, ich weiß es ... Walzer? Walzer, ja?

Junge

(Er senkt den Kopf, schaut weg. Schweigt lange.) Ja! Scheißkackwalzer! Ja, Walzer, ja! Jetzt weißt du's. Eins, zwei, drei, eins, zwei, drei ..... Einen beschissenen Walzer hab' ich ihr vorgetanzt. Sie hat mich gezwungen. Mit Blicken, mit ihren verdammten Augen, ... ich musste einfach!

Mädchen

Wie gol ..., entschuldige! Wie hat sie dich dazu gekriegt? Ich meine, so ... hart wie du bist ... Ich meine: „No Gefühlskacke, please!" Und dann Walzer?

Junge

Ich war ... nicht ...

Mädchen

.... nicht hart, ... damals?

Junge

(Schreit.) Ja, damals! Damals nicht! Noch nicht!

Mädchen

Du hast es gern gemacht? Weil du es für sie gemacht hast? Du hast sie ge-
liebt? Du liebst sie immer noch! Ist es das?

Junge

(Er windet sich.) Scheiße! Ich, ... (Ganz leise.) Lasst mich doch alle in Ruh'!
Ich muss ... hart ... sein, ich muss!! Alles andere ist Scheiße!! Alles andere
kann ich nicht!

Mädchen

Okay, okay, okay! Ist schon okay! Irgendwie ist es Wahnsinn, aber es ist
okay! Irgendwie kann ich das sogar verstehen

Junge

(Er holt das Foto aus seinem Plastikbeutel, eine Art kleine Staffelei,
auf die er das Bild legt. Er zündet eine Kerze an, stellt sie vor das Bild.)
Walzermusik ertönt, er kniet sich hin.) Ich konnt' es nicht erwarten, dass sie
mich endlich fragt, nein bittet. Sie hat mich gebeten, ihre Augen haben mir
zugelächelt. Sie hat sich neben den Plattenspieler gekniet, den Tonarm über
die Platte gezogen, diese schwarz glänzende, drehende Scheibe. Die sah aus
als wenn sie flüssig wäre, so glänzte sie, wie schimmerndes warmes Öl,
das knallrote, runde Label in der Mitte. „An der scheißschönen, kackblauen
Drecksdonau" lief unter der spitzen Nadel. Sie senkte den Tonarm ab und
begann ganz leise im Takt zu zählen: Eins, zwei, drei , ... Eins, zwei, drei ...
und ich blöder Idiot hab' getanzt und war so scheißglücklich ... und sie hat
gezählt: Eins, zwei, drei ...(Er beginnt zu weinen.)
Als sie dann weg war, auf und davon, mit diesem Scheißtypen, hab' ich
die Platte immer wieder aufgelegt. Immer nur, wenn mein Vater nicht in

der Nähe war. Der hätte ....! Bis ich dann Zwölf war. Das hatte ich mir
vorgenommen, da nahm ich die Platte mit in den Holzschuppen, legte sie
auf den Hackstock, nahm das Beil und schlug sie in Stücke. Schlug sie zu
Staub. Fünf Minuten hab' ich wie besinnungslos auf die Scheibe eingedro-
schen. Dann hab ich den Plattenspieler geholt und ihn zu Matsch
gehauen. Das war der Tag der Härte. Der Tag der Oberhärte! Seit diesem
Tag weiß ich, was mir hilft: kalte, klare Härte. Die schwulen Tage der
Kindheit waren vorbei, für immer und ewig ...., vorbei und aus und
Schluss und Ende ......

Mädchen
Du bist gar nicht so hart ..., du musst nicht hart sein, niemand zwingt dich
dazu! (Sie fasst ihn an der Schulter. Er zuckt zusammen.)
Ich kann keinen Walzer. Ich kann nur diese Kunstkacke ....
Das sieht alles so schön aus – für den, der's mag natürlich nur – aber alles
ist einstudiert, tausendmal geübt. Und wenn dann das Scheinwerferlicht
dazukommt und diese überschöne Musik, dann ... Na ja, es ist irgendwie
.... langweilig. Wenn ich dich so sehe, wenn du dir die Seele aus dem
Leib, ... dann denk ich, es geht um Leben und Tod bei dir.
Das find' ich faszinierend, aber gleichzeitig machst du mir Angst ....,
wie ein eingesperrtes, rasendes Tier .... Hast du eigentlich Freunde?
Ich meine Freunde!

Junge
Freunde? Wie meinst du das? Ich hab 'ne Menge Kumpels, wenn du das
meinst! Jede Menge!

Mädchen
Ich meine Freunde! Einen Freund vielleicht?

Junge
Ich sag doch, jede Menge Kumpels, jede Menge .... mit, mit Hans-Heinz,
saublöder Name, was?, mit dem war das anders, irgendwie. Ist schon
lang her, viel zu lang.

Mädchen
Hans-Heinz, wirklich 'n saublöder Name. Lass mich raten, wie er aussah.
Blond, blauäugig, arisch?

Junge

Genau! Blond, blauäugig, arisch! `N richtiger Schwede eben! (Pause)
Der Typ war irgendwie supercool! Sein letztes Hemd hätt er dir gegeben.
Der hat alles ohne Berechnung gemacht, ohne dass er gleich ne
Gegenleistung von dir im Kopf hatte. Wenn der gut drauf war, hat er mich
glatt zum Italiener eingeladen. Da gab´s dann Pizza satt, mit allem was
dazu gehört! Wenn ich ihn gefragt hab, warum, hat er nur gegrinst und
gesagt: „Weil ich grad Bock und Kohle habe - Kohlenbock sozusagen!" Das
war dann unser Stichwort. Hans-Heinz fragte: „Kohlenbock?" und ich hab
ihm geantwortet: "Kohlenbock!" Dann ging's ab zum Italiener! Ich kannte
das nicht von zu Hause, hatte immer ein verdammt schlechtes
Gewissen .... am Anfang. Der Typ hat sich regelrecht dran aufgegeilt, wenn
er gesehen hat, dass es mir schmeckt. Ist doch irgendwie krank, oder? Ich
selbst konnte ihn nicht einladen, hätte zwar jede Menge Bock gehabt, aber
halt keine Kohle! Kleiner Schwachscherz! Hab ihm das gesagt, war mir
saupeinlich. Er hat dann nur gegrinst und gemeint: „Big Bwuana, dein
Sklave Hans der 1. Heinz ist glücklich, dir zu dienen!" Dann hat er losgelacht
wie ein Specht und ich musste mit lachen! Irgendwie saukrank, oder?

Mädchen

Big Bwuana? (Lange Pause.) Hans der 1. Heinz, ´n richtiger Schwede
eben. Genau so stell ich mir nen richtigen Schweden vor! (Pause)
Seit wann können denn Spechte lachen?

Junge

(Stark verunsichert. Misstrauisch.)
Noch nie nen Grünspecht gehört? Genau so irre hat der Typ gelacht!

Mädchen

Ich hätte eher auf Schwarzspecht getippt! Toller Freund! Toller Typ!
Wie geht es ihm?

Junge

Keine Ahnung, hatte dann nen Unfall, irgendwie. Was weiß ich?
Geht dich nen Scheißdreck an! Vergiss ihn einfach, ja1 Vergiss ihn!
(Er holt eine Bierdose aus seiner Plastiktüte. Dabei rutschen Hemd
und Krawatte heraus. Er stopft beides schnell wieder zurück.)

Mädchen

Hast du das geklaut oder was? Weißes Hemd und Krawatte?
Ist das jetzt angesagt bei ... euch?

Junge

Nein, ich wollte ... am Bahnhof ... am Bahnhof wollten wir uns ...

Mädchen

Hattest du `n Date mit deiner Freundin? Oder ... mit deiner ...
Du wolltest dich mit deiner Mutter treffen?

Junge

(Er zögert sehr lange.) Ja!

Mädchen

Und?

Junge

Nichts und!

Mädchen

Sie war nicht da?

Junge

Doch, sie .... war da, aber ...

Mädchen

Aber was ...? Sie war nicht allein, war´s das?

Junge

Da war so ein Typ, nicht viel älter als ich, aber irgendwie edel, arrogant....
Er stand bei ihr. Ich hab gewartet, hab mich ... na ja, hab mich hinter so ner
Litfaßsäule, ... sie hat geschaut, sie , sie ist auf- und abgelaufen. Sie hatte
einen schwarzen Mantel an, sie sah so verdammt jung aus, so verdammt ...

Mädchen

... schön?

Junge
Ja, Scheiße, ja! Sie schaute dauernd auf ihre Uhr! Dauernd! .....
Dann gingen sie, dann gingen sie .... weg. Sie liefen direkt an mir vorbei,
sie sah mich an .... und ging weg, ging weg mit dem Typen ...
Ich hätte sie berühren können, ihren Mantel. Der glänzte so schwarz und ...
ich stand da in dem Hemd und der Krawatte, stand an der Litfaßsäule und
sie ging davon ... ich stand an der Litfaßsäule, mit dieser scheiß Alditüte,
wie ein beschissener Penner .... (Er geht auf die Knie, die Bierdose gleitet
ihm aus den Händen.)

Mädchen
(Sie fasst ihn von hinten an den Schultern. Er vergräbt das Gesicht in
seinen Händen. Die Schultern beginnen zu zucken.)
Warum hast du sie einfach gehen lassen, du ... kleiner ... Penner? Warum?
... Komm zeig mir, wie man Walzer tanzt, ... kleiner Penner.

(Black! „An der schönen blauen Donau" erklingt leise. Das Licht wird ganz
allmählich heller. Beide stehen sich nahe gegenüber. Black!)

Junge
Irgendwie hatte ich das geahnt, gespürt. Zwischen all dem Glück, dem
Scheißglück an diesem Scheißtag! Ich hätte ihr, ja ich hätte ihr gezeigt,
wie man Walzer, ... Ich hätt' es ihr gezeigt. Ich hätt' sie gerne angefasst.
Als sie mich an den Schultern berührt hat, da ... heilige Scheiße, da ging's
mir so scheißgut. Aber dann sah ich Andis Gesicht im Spiegel. Und neben
ihm die hässliche Fresse von Schnalle, dem Matschhirn, seinem
verblödeten Hiwi. Alles war wieder ganz normal, ganz mein Leben. Als
hätte jemand einen Schalter umgelegt, einen Knopf gedrückt, umgeschaltet
aufs richtige Leben. Ich wusste wieder wie's langgeht, alles war wieder klar!
Und da war natürlich Härte angesagt, Oberhärte! Mein lieber Schieber!

Junge
(Stößt sie weg.) Fass mich nicht an, du Drecksfotze! Ich könnt kotzen!
Was willst du von mir? Dich mach ich alle!!

Junge/Junge

(In dieser Szene spielen beide Jungen im Mittelteil der Bühne. Der Junge ist der Erzähler, der andere spielt Andi!)

Andi ist einer, dem man gehorcht. Kadavergehorsam, okay?
Er ist der Boss. Er hat alles im Griff. Jeden! Das Mädchen ist mit dem Kopf
gegen die Wand gedonnert. Sie hatte sich aber nichts getan. Sie kam gleich
wieder hoch, und da war dieser Blick, dieses Flackern in ihren Augen. Andi
sprach wie Robert de Niro, na ja wie seine deutsche Stimme halt ... Mit die-
sem ekligen Singsang: „Puhhh, hier riecht's aber verdammt nach faulem
Fisch, wird doch nicht ne Niggerfotze sein? Was sagst du dazu, Kleiner?"
Die beiden mussten uns schon länger beobachtet haben. Andi grinste und
meinte zu Schnalle: „Schon mal `ne Niggerfotze geseh'n, Schnalle? Ja? Aber
bestimmt noch keine Spagatfotze, eine gedehnte Niggerspagatfotze?"
Schnalle begann an seiner Hose herumzunesteln und grinste geil und blöde
dabei. „Nigger-Was-Fotze?" *fragte er dümmlich.*
Andi grinste und machte ein angeekeltes Gesicht. Er sagte dann – er kennt
ne ganze Latte von Niggerwitzen: „Schnalle, weißt du warum die Nigger-
weiber beim Picknick keine Höschen anziehen?" *Er machte ne lange Pause*
und sagte dann genüsslich: „Na, ja, damit die Fliegen sich nicht über die
Chicken-Wings hermachen!" *Schnalle lachte so dümmlich, dass man*
merkte, dass er diesen Witz überhaupt nicht gerafft hatte. Dann sagte Andi
zu dem Mädchen, Scheiße, ich hab' sie nicht gefragt, wie sie heißt, ... Er
sagte: „Zeig uns deine Spagatfotze, Nigger!" *Das Mädchen war sehr ruhig*
und schaute mich an. Ich konnte ihr nicht in die Augen sehen. Und dann
sagte Andi – Schnalle hing die versiffte Hose inzwischen an den Knien –
dann sagte Andi etwas, was mich rasend machte. Er grinste mich an und
sagte: „Entweder du fickst sie jetzt mit dem Baseballschläger in ihre
Niggerspagatfotze oder ... ich lass' dich einen - Walzer tanzen – mit
Schnalle!"
Da musste ich doch etwas, ... ich musste, ich konnte doch nicht ...!
(Dunkel. Harte, schnelle Musik.)

Junge

(Während er spricht, drischt er mit dem Dummy auf etwas ein.)
(Den folgenden Monolog teilen sich die beiden Jungen.)
Sie hat es nicht anders verdient, diese Dreckschlampe, diese scheiß Nigger-
fotze! Weggefegt gehören die! Ausradiert, mit Stumpf und Stiel! Was wol-

len die hier, diese scheiß Dreckskanaken! Scheiß Dreckschlampe! Scheiße!!
*Ich hab ihr gesagt, kuck mich nicht an, kuck mich nicht an! Ich hab ihr
gesagt, hör auf mit deiner schwulen Gefühlsscheiße! Hör auf!! Selber
schuld, selber schuld, selber schuld! Scheiße! Scheiße! Scheiße! Scheiß Blut
überall! Überall Scheißblut! Mein T-Shirt! Alles voll von diesem scheiß
Niggerscheißblut ...*
(Licht!)

Ich hatte es irgendwie gespürt, die ganze Zeit, ... was lass' ich mich auch mit
so einer scheiß Niggertussi ein! Selber schuld ..! Walzer, Scheißdrecks-
walzer. Ich hab's eigentlich immer gespürt. Immer war etwas da in meinem
Leben, was mich gestört hat, am liebsten hätt' ich mit offenen Augen
gepennt. Diese ständige Wachsamkeit macht so müde. Irgendwas hat mir
immer alles versaut. Wie ein Rest von Leberwurst an dem Messer, das du in
die Kirschmarmelade tauchst, ... mein ganzes beschissenes Leben hab' ich
diese verwesenden, stinkenden Leberwurstreste gespürt. *Die haben mich
wach gehalten, die haben verhindert, dass ich mich fallen lasse, wie vorhin
als das Mädchen getanzt hat, als ich eingeschlafen bin. Wie damals, als ich
für meine Scheißmutter das Walzeräffchen gespielt habe, wie damals mit
Lumumba.... .*
Oh oh oh, das musste ja voll böse enden, voller Kontrollverlust, is' ja
logisch, sonnenklar ...... Peanuts waren das bisher, Peanuts, ... aber
jetzt, ... oh oh oh ....

Mädchen
Plötzlich hat er auf mich eingeschlagen. Von jetzt auf gleich. Ohne War-
nung, ohne Ankündigung, ohne mir auch nur den Hauch einer Chance...!
Der erste Schlag war furchtbar ... ich sah tatsächlich diese Comic-
Sternchen, die dem Donald oder dem Goofy bei solchen Gelegenheiten
immer um die Köpfe schwirren. Dann wurde es dunkel und warm, das Blut,
das viele Blut lief mir in die Augen, in die geöffneten Augen wie ein roter
und dann schwarzer Vorhang lief es über meine Pupillen, ein fürchterlich
klebriges Zeug. Die nächsten Schläge , ... wie eigenartig, ... die spürte ich
gar nicht mehr als Schmerz, eher als Bewegungen meines Körpers, hörte
diese dumpfen Aufschläge wie von ganz weit. Dann wurde es weich und
kühl und hell ...

Der Junge schaute mich mit entsetzten Augen an beim ersten Schlag , über seinem Kopf eine riesige Sprechblase, nein, ich meine diese Denkblasen, diese wolkenähnlichen Dinger, von denen diese Bläschen zum Kopf der Figur führen. In dieser Denkwolke stand ein riesengroßes „Sorry!" Der fassungslose, verzweifelte Blick war wie eine einzige gigantische Entschuldigung! Faszinierend! Es war, ... es war ganz einfach faszinierend! Obwohl ....

(Black)

Junge
(Der schwarze Junge steht mit gespreizten Beinen über dem Mädchen, den Dummy in den Händen.)
Andi und Schnalle waren weg. Das Mädchen lag zusammengekrümmt vor dem Spiegel, da konnte ich ihr blutiges Gesicht drin sehen. Aus einer Kopfwunde quoll das dunkelrote Zeug aus ihr raus wie dicker Kirschsaft... Den Dummy hielt ich noch in beiden Händen. Die Fingernägel ins Holz gegraben stand ich da in all dem vielen Blut, dem Blut, das so schreiend rot war wie der Badeanzug meiner geliebten Drecksmutter ... (Der rote Junge tritt hinter den Jungen und drückt ihm den Dummi in die Hand. Er umarmt ihn von hinten und küsst ihn auf die Wange.) Ich hätt' sie nach ihrem Namen fragen sollen .... Scheiße!

(Musik: Massiv Attack/ "Hymn of the big wheel"/) erklingt.
Das Licht nimmt unmerklich ab, bis es ganz dunkel ist.)

MutterLiebeMutter
Uraufführung 2005 | Stadttheater Aschaffenburg

Personen

Brassersgrimm
Entführer (ER)
Entführte (SIE)
Kind (KI)
Kind spielt Mutter (mu)
Mutter (MU)
Der Andere

PROLOG

(Licht auf Brassersgrimm, die die Hexenhalbmaske im Gesicht hat. Sie nimmt diese ab und lacht anhaltend. Dann trägt sie den Anfang von H&G vor und ironisiert dabei den Anteil des (guten) Vaters so, dass er zynisch klingt. Den Rest des Märchens zeigt sie gestisch/mimisch. Die letzten Zeilen trägt sie wieder vor. „ ..... der kann sich eine große, große Pelzkappe daraus machen.")

Hänsel und Gretel
Vor einem großen Walde wohnte ein armer Holzhacker mit seiner Frau und seinen zwei Kindern; das Bübchen hieß Hänsel und das Mädchen Gretel. Er hatte wenig zu beißen und zu brechen, und einmal, als große Teuerung ins Land kam, konnte er das tägliche Brot nicht mehr schaffen. Wie er sich nun abends im Bette Gedanken machte und sich vor Sorgen herum wälzte, seufzte er und sprach zu seiner Frau: »Was soll aus uns werden? Wie können wir unsere armen Kinder ernähren da wir für uns selbst nichts mehr haben?« »Weißt du was, Mann«, antwortete die Frau, »wir wollen morgen in aller Frühe die Kinder hinaus in den Wald führen, wo er am dicksten ist. Da machen wir ihnen ein Feuer an und geben jedem noch ein Stückchen Brot, dann gehen wir an unsere Arbeit und lassen sie allein. Sie finden den Weg nicht wieder nach Haus, und wir sind sie los.« »Nein, Frau«, sagte der Mann, »das tue ich nicht; wie sollt ich's übers Herz bringen, meine Kinder im Walde allein zu lassen! Die wilden Tiere würden bald kommen und sie zerreißen.« »Oh, du Narr«, sagte sie, »dann müssen wir alle viere Hungers sterben, du kannst nur die Bretter für die Särge hobeln«, und ließ ihm kei-

ne Ruhe, bis er einwilligte. »Aber die armen Kinder dauern mich doch«, sagte der Mann. Die zwei Kinder hatten vor Hunger auch nicht einschlafen können und hatten gehört, was die Stiefmutter zum Vater gesagt hatte. Gretel weinte bittere Tränen und sprach zu Hänsel: »Nun ist's um uns geschehen.« »Still, Gretel«, sprach Hänsel, »gräme dich nicht, ich will uns schon helfen.« Und als die Alten eingeschlafen waren, stand er auf, zog sein Röcklein an, machte die Untertüre auf und schlich sich hinaus. Da schien der Mond ganz hell, und die weißen Kieselsteine, die vor dem Haus lagen, glänzten wie lauter Batzen. Hänsel bückte sich und steckte so viele in sein Rocktäschlein, als nur hinein wollten. Dann ging er wieder zurück, sprach zu Gretel: »Sei getrost, liebes Schwesterchen, und schlaf nur ruhig ein, Gott wird uns nicht verlassen«, und legte sich wieder in sein Bett. ... und als sie ein Weilchen fortgingen, da kam ihnen der Wald immer bekannter und immer bekannter vor, und endlich erblickten sie von weitem ihres Vaters Haus. Da fingen sie an zu laufen, stürzten in die Stube hinein und fielen ihrem Vater um den Hals. Der Mann hatte keine frohe Stunde gehabt, seitdem er die Kinder im Walde gelassen hatte, die Frau aber war gestorben. Gretel schüttelte sein Schürzchen aus, dass die Perlen und Edelsteine in der Stube herumsprangen, und Hänsel warf eine Handvoll nach der andern aus seiner Tasche dazu. Da hatten alle Sorgen ein Ende, und sie lebten in lauter Freude zusammen. Mein Märchen ist aus, dort lauft eine Maus, wer sie fängt, darf sich eine große Pelzkappe daraus machen.
Brassersgrimm
Nun liebe Kinder, gebt fein acht, ich hab euch etwas mitgebracht.
(Prolog von The Crash erklingt . Sie „singt" mit bis zum Textende.)

Prologue (Teemu Brunila, The Crash)

This one's for you my friend if you like the moon, good tunes and old cartoons. All good for you. And even after a night at the bar, you watch the stinging stars, piercing you right in the heart. And you realize this may not last for long 'till the ding dong. So you best go strong, sing songs, wear thongs 'till the others live on and you're born again in Hong Kong where you'll like ping pong, your friends, reading and the sound of a gong. Well anyway, we all look for one thing and one thing only, and that's not to feel lonely, so hold me. I'll do my best to deserve your love.

(Mit dem Anschwellen des Schlusses hält sich Brassersgrimm mit schmerzverzerrtem Gesicht die Ohren zu. Die „gewindelte" Sexpuppe auf der rechten Bühne wird durch eine plötzliche Lichtdusche kurz herausgehoben. Dann Black und grelles Licht auf die linke Bühnenhälfte.)

ER und SIE spielen auf der linken Bühnenhälfte. Die Rückblenden spielen auf der rechten Bühnenhälfte hinter einem Gazevorhang!)

(ER führt sie herein. Sie hat einen Plastiksack über dem Kopf, ihre Hände sind auf dem Rücken gefesselt. ER hält ihr eine Pistole/ einen Revolver an den Kopf. ER trägt eine Augenmaske.)

SIE
SIE gleitet auf die Knie. Lange Zeit Ruhe.)
Der verdammte Sack stinkt! Ich muss gleich kotzen! (Schreit!) Hilfe!!

ER
Ja, ja, schrei du nur! Was meinst du, was ich schreien könnt?! Was ich mich übergeben könnt?! Was meinst du, was ich in meinem bisschen Leben schon gebrochen hab? Tag und Nacht hab ich gespuckt, weil mir immer schlecht war! Ständig!! Ständig hat's mich gewürgt! Hör auf, dein Schreien reibt an mir, es reibt mir die Haut wund, wie Schmirgelpapier!

SIE
Bitte!

ER
Bitte? Das Wort ist mächtig. Ein Tabuwort! Tabuworte sind mächtig!

SIE
Der Sack! Bitte!

ER
Okay! (ER nimmt ihr den Sack ab und starrt sie an.)

SIE
(SIE hält ihm die gefesselten Hände hin.) Bitte!! Was kuckst du mich so an?! Hör auf mich so anzustarren! Du bist .... viel zu jung!
Die Maske – was soll die Maske?
ER
Egal! Jung? Wenn du wüsstest, wie alt ich bin! Uralt! War nie jung! Wusste nie wie das ist, jung! Muss toll sein, was ich so gehört habe!

(ER löst ihr die Fesseln, nimmt ihre Hände!)

SIE
Pfoten weg! Nimm deine verdammten Pfoten weg!

ER
Sorry! (ER richtet den Revolver auf sie.) Sorry, hab´s vergessen, sorry!
(BLACK!)

(Fahles Licht. ER liegt in Embryostellung in einem Laufgitter.
SIE sitzt vor dem Spiegel und schminkt sich. Singt vor sich hin. Telefon.)

MU
(Lauscht, lacht lasziv, stöhnt.) O du kleines Schwein, du kleines
Trüffelschwein. Du magst doch Trüffel? Ja, da unten, tief unten,
tief unter der ... Erde ... Du musst nur deinen kleinen ... nein ... deinen
großen, feuchten ... ja, deinen gigantischen ... ja ...., deinen Trüffelrüssel ...
Monica Levinsky? W i e lang war seine Zigarre? Ohhh ... du kleines,
perverses Schweinchen ... (Sie greift sich zwischen die Beine.)
Du Sau, du geile!

KI
(Krümmt sich stärker, wimmert.)

MU
Ja, ich komme, ich komm gleich .... (Lacht schrill.) Nein, nicht so.
Ich bin gleich da..... Er schläft. Er wimmert im Schlaf. Hab ein
bisschen nachgeholfen, ... eine halbe Tablette. Ja, du kleine
Trüffelsau, ... hör auf, sonst komm ich gleich, ... aber nicht zu dir!

SIE
Was willst du von mir? Willst du mich vergewaltigen?
Geht übrigens nicht, hab meine Tage! Was willst du?

ER
Nicht viel. Eigentlich nicht viel! Aber eigentlich ist es alles.
Hör auf, so zu reden. Merkst du nicht, wie kalt du bist?

SIE
Hör du auf mit dem Scheiß! Lass mich gehen. Hier hast du mein
Geld. Hier! Damit kannst du meinetwegen in den Puff oder
sonst wohin. Das reicht! Und jetzt lass mich einfach gehen!

ER
Hör auf, so zu reden. Merkst du nicht, wie kalt du bist?
(ER hebt den Revolver und zielt auf SIE.)
Kalt wie ein Stein! Ich will nicht viel! Ich meine es ernst!
Die Brücken hinter mir sind in die Flüsse gestürzt.
Es gibt keinen Weg zurück .. deshalb. Alle Bröcklein, die ich auf den
Weg gestreut habe, haben die Vöglein aufgepickt. Alle.
Die haben hell im Vollmondlicht geleuchtet, den Weg gezeigt.
Der ist jetzt schwarz wie Kohle und zwischen den dunklen, dichten
Bäumen nicht mehr zu sehen. Deshalb kann ich nicht mehr zurück finden.
Ich will doch gar nicht viel..............

(Fahles Licht. ER steht im Laufgitter, hält sich an den Stäben fest.
Er schwankt vor Müdigkeit. Wimmert.
SIE liegt auf dem Tisch, die Beine gespreizt, ein Mann dazwischen.)

MU
(Stöhnt.) Er ist aufgewacht. Er sieht uns zu..., er müsste schlafen,
soviel hab ich diesmal ..... Er schwankt, aber er hat die Augen auf.
Was meinst du, „was Hänschen nicht lernt ..." (Stöhnt und lacht.).......
Er kuckt, ..., er kriegt die Lider kaum hoch, ... er kuckt sich was ab!
Das wird mal einer ... jaaaa ...

KI
(Lässt sich fallen, krümmt sich zusammen.) Mama!

SIE
Was willst du noch? Am helllichten Tag überfällst du mich, mein Geld willst
du nicht, ficken willst du mich nicht, was gibt's denn
sonst noch? Lass mich gehen, ich hab die Schnauze voll!

ER
Du redest unanständig, das verletzt mich, reibt mir die Haut wund.
Hab' ich dir doch schon gesagt. Warum bist du so kalt? Warum bist du so

unanständig? Bald darfst du gehen. Keine Angst. Heb deinen Rock hoch!
(ER richtet den Revolver auf sie.) Heb ihn hoch.

SIE
Ich hab dir doch gesagt, ich hab meine Tage, verdammt!

ER
Bitte! Ich kann mit dem Wort inzwischen ganz gut umgehen.
Es geht schnell. Ich kuck kaum hin. Will nur was sehn. Bitte!
Ein Blick nur, ein kurzer, schneller Blick. Bitte!

SIE
(Sie hebt kurz ihren Rock, spreizt die Beine.)
Okay, war's das, du Perverser.

ER
Danke. Entschuldige! Ich hab fast nicht hingesehen.
Es ist weg! Es ist verschwunden! Das kann doch nicht sein!
Wer hat das weggemacht? Es ist weg!

(Fahles Licht. ER sitzt am Tisch, zieht eine Barbiepuppe an.
Kämmt ihr Haar, küsst sie zärtlich auf den Mund. Spielt Mutter und
Sohn. Gibt der Mutter eine hohe Stimme (= **mu**).)

KI
Du hast so ein schönes Kleid an, Mama. Es steht dir so gut. Es passt zu
deinen wunderschönen schwarzen Augen. Du siehst aus wie Dornröschen.
Deine Haut ist weiß wie Alabaster, deine Augen schwarz und schimmernd
wie Zartbitterschokolade ...

mu
... und deine Lippen sind blutig rot wie die Kirschen im heißesten Sommer.
O, vielen Dank mein Junge. Danke, dass du mich anziehst. Ich mach mich
schön für dich, nur für dich. Küss mich noch einmal. Küss dein
Dornröschen. Küss mich, sonst schlaf ich ein, ich bin so müde, so müde von
allem ..

KI
Der andere wird nicht mehr kommen. Er wird dir nicht mehr

weh tun, hörst du! Immer, wenn der andere da ist, bin ich so müde. Ich weiß dann nicht, ob ich das alles träume. Meine Augenlider sind so so schwer als ob jemand Wackersteine darauf gelegt hätte. Die Wackersteine, die sie dem bösen Wolf in den Bauch gepackt haben, bevor man ihn zugenäht hat mit der großen Nadel und in den schwarzen Brunnen geworfen hat....

mu
Hab keine Angst, mein Lieber, mein Liebster. Küss mich noch einmal. Küss dein Dornröschen. Küss es schnell, sonst schläft es ein. Küss es auf seine blutig roten Lippen.

KI
Wollen wir zusammen schlafen, Mama. Im Gitter ist Platz. Aber erst mach ich dir das da unten zu. Dann kann dir da keiner mehr weh tun. Und dann schlafen wir zusammen und träumen und sind ganz weit weg, am Meer vielleicht oder im tiefen, kühlen Wald, ganz allein, ohne die andern ....
(ER streift der Puppe den Rock hoch, zieht ihr das Höschen aus und wickelt rotes Isolierband wie eine Art Windel um ihren Unterleib. Nach einer Wicklung nimmt er die Puppe mit in den Laufstall. Er zieht eine Decke darüber. ER redet sich in Rage, bis er schreit.) Das machen wir zu! Keiner wird dir mehr weh tun! Keiner! Das ist jetzt zu, ein für alle mal! Ist es schön? Sag, dass es schön ist! Sag es! Bitte, sag es! Entschuldigung!

SIE
(Jetzt hört man die Stimme der Mutter wollüstig stöhnen.)
Ja, es ist schön, es ist so schön, ja, es ist viel schöner als bei den andern …
Komm, mach es zu, ja, so ist es gut. So wird alles gut.

ER
Hast du eigentlich Kinder?

SIE
Kinder?

ER
Eine Tochter? Einen Sohn? Einen Sohn vielleicht? Einen wenigstens?

SIE
Was heißt hier wenigstens? Was soll das, lass mich endlich gehen,
sonst schrei ich! Das Ding ist gar nicht geladen, nur ne Attrappe!

ER
(Schiebt ihr die Pistole in den Mund.) Keine Attrappe. Meinst du, ich bin ein
Amateur. Meinst du, ich weiß nicht, was ich will? Ich weiß das
ganz genau. Zum ersten Mal in meinem Leben, weiß ich das!
Keine Angst.

SIE
Okay! Bitte, hör auf damit! Ich mach alles, was du willst!
Ich, ... ich hab dich angelogen, ich hab meine Tage gar nicht!
Wenn du willst, dann.... Aber dann lässt du mich gehen, ja? Ja?
(Sie zieht den Rock hoch und spreizt die Beine.)
Gefällt's dir? Komm mach schon, und dann lässt du mich gehen!

ER
(Schaut weg.) Ich hab's dir doch zugemacht. Das war doch zu!

SIE
Du machst einem Angst. Oder soll ich dir einen blasen?

ER
Ich hab's doch zugemacht! Ich weiß es ganz genau!
(Schreit und stößt sie vom Stuhl.) Ich habe dir gesagt, du sollst nicht
unanständig sein. Ich hab dir gesagt, dass du mir damit weh tust!
Ich blute überall, bloß dass du's nicht sehen kannst!

(Fahles Licht. SIE zieht sich an. Musik von Tina Turner läuft. Er
sitzt auf einem viel zu kleinen Stuhl.)

KI
Bleibst du heute hier? Wir können Fernseh kucken, es gibt einen
Film, keinen Märchenfilm, einen richtigen ....

MU
Morgen, ja! Morgen gibt's auch einen Film. Es gibt doch ständig
Filme in der Glotze. Du bist alt genug! Du bist schon Fünf!

KI
Bitte!

MU
Du hast bitte gesagt, du hast mich gebeten? Ich fass es nicht!
Sonst bist du stumm wie ein Fisch. Früher hast du immer gewimmert.
Willst du mich erpressen? Willst du mich weich spülen?
Bitte! Bitte! Bitte! Sag dieses Wort nie mehr, hörst du! Dieses Wort höre
ich aus deinem ungewaschenen Maul nie mehr! Is das klar? Das ist ja noch
ätzender als dieses Scheiß-Gewimmere! Nie mehr, hörst du, nie mehr!

KI
Ich sag's nicht mehr, nie mehr! Nur heute Abend, nur das eine Mal!

MU
Ich bin verabredet, kann nicht absagen. Nicht bei dem!
Der ist so, .., na ja! Das verstehst du nicht! Ich kenn das doch. Da
sitzen wir vor der Glotze und kucken uns so einen bescheuerten
Märchenfilm an! Das kannst du doch auch alleine! Dazu muss ich
doch nicht da sein.

KI
Entschuldigung! Ich frag nicht mehr, ich bin nicht mehr frech.
.... Aber, wenn ich der Hänsel wäre, weißt du, was ich dann getan
hätte? Was ich mit der Stiefmutter gemacht hätte?

MU
Was hättest du mit ihr gemacht?

KI
Sei nicht böse, aber ich hätt nicht die Hexe, ich hätt die
Stiefmutter in den ... Ofen ...

MU
(Erschrickt!) Spinnst du? Was geht bloß in deinem blöden Kopf vor?

SIE
Du bist ja wahnsinnig! Was willst du? Deine Maske macht mir Angst!
Ich versteh das nicht. Lass mich gehen, bitte. Ich werde nichts sagen,

nichts unternehmen, keine Polizei. Bitte! Ich würde dich nicht wieder erkennen. Wegen der Maske! Bitte!

ER
Nein, jetzt nicht. Es ist viel zu früh. Wir haben Zeit. Du bist ein hastiger Mensch. Du hast dein Leben zu schnell gelebt. Du musst lernen, langsamer zu leben. Glaub mir. Du lebst zu schnell und zu gierig. Das ist nicht gut.

SIE
Was weißt du von mir? Kennst du mich? Lass mich gehen, bitte!

ER
Wartet jemand auf dich? Ein anderer? Deine Tochter? Dein Sohn? Wenn dein Sohn auf dich wartet, lass ich dich gehen.

SIE
Ich habe keinen ...... Sohn. Nicht, dass ich wüsste.

ER
Wenn dein Sohn auf dich wartet, lass ich dich gehen.

SIE
Soll ich lügen?

ER
Du kannst mich nicht anlügen.

SIE
Lass mich, ich halte den Mund! Hab dich nie gesehen. Bitte!

ER
Keine Angst, du wirst mich sehen, später. Du wirst mich sehen. Dann nehm ich die Maske ab und du wirst mich sehen!

SIE
(Schreit!) Nein, bitte! Lass die Maske auf oder ich kratz mir die Augen aus! Ich will dich nicht sehen! Bitte!

ER
Wovor hast du Angst? Ich hab keine Angst mehr. Das ist vorbei.
Aber hungrig bin ich noch!

(Fahles Licht. ER kniet vor dem kleinen Stuhl, auf dem die Puppe und
eine Ken-Puppe liegen. Er spielt Mutter (sie), Sohn (ER), und den anderen
(an) mit tiefer Stimme.)

mu
Er wollte mich anfassen, Liebster. Er hat mich mit der Hand hier hin
gefasst. Er hat mir weh getan.

KI
Wo hast du sie angefasst, zeig's mir!

an
(Ängstlich.) Hier, hier oben, nur an der Schulter, nur ganz leicht.

mu
Er lügt. Er hat mich woanders angefasst. An einer verbotenen Stelle.

KI
Wo hast du sie angefasst? Zeig's mir.
(Er spielt jetzt mit den beiden Puppen. Die Ken-Puppe fasst mit der Hand
nach der Brust der SIE-Puppe und drückt fest zu.)

mu
Du tust mir weh! Du bist ein dreckiges Schwein! Hilf mir, mein Kind!
Du bist der einzige, der mir helfen kann. Bitte schnell!

KI
(Reißt die Ken-Puppe weg.) Du bist unanständig. Das ist verboten, das
ist eine schmutzige Stelle. Jetzt hast du dir deine Hand versaut.

mu
Bestraf ihn! Dass er's nicht wieder tut. Du hilfst ihm, glaub mir.

an
Aber, ich hab sie doch nur, sie wollte das. Sie will nichts anderes.

KI

Gib mir deine rechte Hand. Sie ist schmutzig. Ich helfe dir. Ich mach sie dir weg. Gib schon her!

an

Nein, bitte! Ich brauch sie doch noch!

KI

Na komm! Ich kann dir auch was anderes abschneiden, das tut noch viel mehr weh.

an

Okay, aber mach schnell! Ist das Messer auch scharf? Ich hab Angst!

KI

(ER schneidet der Ken-Puppe die rechte Hand ab.) Blutet ja überhaupt nicht. Komisch. Guter Schnitt! Jetzt ist der Dreck endlich weg.

an

(Stöhnt vor Schmerz.) War gar nicht so schlimm. Is' ja bloß die Hand. Hab ja noch eine. Bin zum Glück Linkshänder. Danke, dass du mir die Hand weggenommen hast. Sie war so schmutzig. Das andere ist mir wichtiger.

KI

Ich hab dich angelogen. Hätt dir das andere Teil nicht abgeschnitten. Wär überflüssig gewesen. Hab' sie eh untenrum zugemacht. Alles dicht!

ER

Ich hab immer gehungert. Immer. Ich hab nie was bekommen. Nie das, was ich gebraucht habe.

SIE

Komm, lass uns gehen. Wir gehen essen, ja? Ich geh zur Bank. Zum Automaten. Ich lad´ dich ein, bitte!

ER

Ich hab keinen Hunger. Ich hab diesen Hunger nicht mehr, brauch ihn nicht.

SIE

Wir vergessen einfach alles. Wenn wir draußen sind, nimmst du die Maske ab. Ich schwör's dir: kein Sterbenswort, bitte ...

ER

Du verstehst das nicht. Du machst dich lächerlich. Zum Beispiel ... Hänsel und Gretel. Da steht ja alles drin vom Hunger. Vom eigentlichen Hunger. Meinst du, wenn die richtig gehungert hätten, hätten die die Brotkrumen auf den Waldweg gestreut? Kannst du dir vorstellen, was das für die beiden bedeutet hat, als die gehört haben, was man mit ihnen vorhat? (Zitiert.)
Die zwei Kinder hatten vor Hunger nicht einschlafen können und hatten gehört, was die Stiefmutter zum Vater gesagt hatte. Sie kauerten hinter der dünnen Bretterwand und hörten, wie die Stiefmutter ihr kaltes Todesurteil gesprochen hat. Die Stiefmutter über ihre Stiefkinder. Weißt du, was im Wörterbuch über Stiefkind steht? Nein? „Vernachlässigter Gegenstand"! Richtig, Gegenstand und nicht etwa Mensch! Und weiter: „Weißt du was, Mann", antwortete die Frau, "wir wollen morgen in aller Frühe die Kinder hinaus in den Wald führen,
wo er am dicksten ist. Da machen wir ihnen ein Feuer an und geben jedem noch ein Stückchen Brot, dann gehen wir an unsere Arbeit und lassen sie allein. Sie finden den Weg nicht wieder nach Haus, und wir sind sie los."

SIE

Hör auf. Bitte! Ich kenn die Geschichte. Ich will sie nicht hören.

ER

Mich hat die Hexengeschichte eigentlich nie interessiert, ein Hollywoodfilm! Die Vorgeschichte ist es, die kann ich auswendig.
Am frühen Morgen kam die Frau und holte die Kinder aus dem Bette. Sie erhielten ihr Stückchen Brot, das war aber noch kleiner als das vorige Mal. Auf dem Wege nach dem Wald bröckelte es Hänsel in der Tasche, stand oft still und warf ein Bröcklein auf die Erde. "Hänsel, was stehst du und guckst dich um ?" sagte der Vater, "geh deiner Wege !" -
"Ich sehe nach meinem Täubchen, das sitzt auf dem Dache und will mir Ade sagen", antwortete Hänsel.
"Narr", sagte die Frau, "das ist dein Täubchen nicht,
das ist die Morgensonne, die auf den Schornstein oben scheint."
Hänsel aber warf nach und nach alle Bröcklein auf den Weg.

SIE

Komm, lass uns gehen. Ich hab Hunger, ich hab plötzlich so einen Hunger. Komm, lass uns essen gehen. Ich schwör´s dir, alles ist vergessen, längst vergessen, kein Wort kommt über meine Lippen. Hör auf mit der Geschichte ...

ER

Alle Bröcklein, hast du gehört, alle Bröcklein. Das ist doch der schlagende Beweis, dass der Hunger nach .... Liebe, selbst zu einer eiskalten Mörderin, stärker ist als der Hunger nach Brot und solchen Dingen.
(ER richtet den Revolver auf SIE. Seine Stimme schwillt immer mehr an, bis zum Schreien.) Und jetzt, jetzt kommt der Clou. Weißt du, was der Clou ist? Das war nur eine Stiefmutter, eine dahergelaufene Asoziale, keine richtige Mutter, kein eigenes Fleisch und Blut, aber trotzdem .... alle Bröcklein.

SIE

Hör auf. Bitte, bitte, bitte! ...... Wie heißt du eigentlich?

ER

Meine Freunde, die ich nicht habe, nennen mich Hänsel.
(Fahles Licht. ER hat nur eine Unterhose an. ER steht vor dem geöffneten Kühlschrank, nimmt Lebensmittel heraus und verstreut sie auf dem Boden. Gießt eine Spur aus einer Tüte Milch zwischen die Lebensmittel.)

KI

(KI singt.) Hänsel und Gretel verliefen sich im Wald, es war so finster und bitter bitterkalt .....

(Man hört MU kommen, MU lacht. Sie bleibt mit dem ANDEREN an der Tür stehen. Er umarmt MU, zieht ihr den Rock hoch.)

MU

Hast du noch Hunger? Ich mach dir was. Hör auf jetzt, wir machen ihn wach. Ja, ich geb ihn weg. Ja. Er wird´s besser haben. Ich kann nichts mit ihm anfangen. Ja, er stört. Er nervt. Ständig nervt er. Hör auf jetzt.

KI

Mama! Ich geh weg. Ich geh dahin, wo der Wald am dicksten ist.

MU

(Sieht, was er angerichtet hat. Schreit.) Was machst du da, bist du nur blö-
de, nur? Ja, geh weg, hau ab! Hau endlich ab! Du störst nur! Du störst alles!
Du zerstörst mein Leben! Was hast du da für eine Riesensauerei gemacht,
du kleiner Scheißpenner! (Zum ANDEREN.) Schlag ihn, schlag ihn windel-
weich!

AN

(Er nimmt seinen Gürtel ab und geht auf ihn zu.)

KI

Du willst mich schlagen, weil ich sie zugemacht habe. Du musst den Gürtel
in die linke Hand nehmen, sonst kannst du ja überhaupt nicht zuschlagen.
Wenn du fertig bist, geh ich weg. (Der ANDERE schlägt ihn.) Black!

SIE

Hänsel? (Zutiefst erschrocken.) Der aus dem Märchen? Der Typ, der die
Hexe .....

ER

Ja, Hänsel. Seh' ich aus wie eine Märchenfigur? Eigentlich Johannes ....,
aber ......

SIE

Johannes eigentlich, ... Johannes ....

ER

Na, ja, ... Künstlername sozusagen. Mein Lieblingsmärchen. Sag ja, das
steckt alles Wichtige drin, eigentlich wirklich alles, was man so braucht.

SIE

Ich hasse Märchen, ... entschuldige. Machen wir jetzt Schluss?

ER

Schluss? Aus? Ende? Ein für alle Mal? Du hast Mut.

SIE

Nein, nicht so! Ich meine, bitte lass uns das abbrechen, lass uns gehen.

ER

Nicht so hastig. Oder willst du, dass ich die Maske abnehme? Jetzt schon?

SIE

(Fleht ihn an.) Nein, nein, bitte. Ich hab Zeit, ich hab viel Zeit.

ER

Schön. Schön, dass du´s einsiehst. Wir haben viel Zeit, wir haben viel nach-
zuholen.

SIE

Nein. O Gott, hilf mir.

(Fahles Licht. ER hockt zwischen den Lebensmitteln. Vor ihm liegen
die SIE-Puppe und die verstümmelte Ken-Puppe. Er spielt Mutter (mu),
Sohn (KI), und den ANDEREN (an) mit tiefer Stimme.)

mu

Er hat mich wieder angefasst. An einer schmutzigen Stelle. Außerdem hat
er dich geschlagen, mein geliebter Sohn. Mit der gleichen Hand, mit der er
sich an mir schmutzig gemacht hat. Du musst es noch mal machen ...

KI

Aber, dann hat er ja gar keine Hände mehr. Nur zwei Stümpfe, zwei blutige
Stümpfe ... Wie bei der bösen Schwester von Aschenputtel. Nur da waren´s
da die Fersen, die sie sich abgehackt hat, weil sie so gierig nach den Schu-
hen war und dem Königssohn. Mit der Axt. Muss man sich vorstellen. Und
dann zwängt sie ihre Füße, ihre blutigen Füße in die Schuhe, als wär´s
nichts gewesen. Aus den Wunden sieht man weiße Knochen schimmern,
aus den bläulichen Adern quillt das Blut dick heraus, die Achillessehne
hängt wie ein schlaffer Sporn über den Rand der engen Schuhferse, ... Ihre
Gier hat den rasenden Schmerz getötet, sie lächelt den Königssohn an,
während ihr Körper langsam leer läuft wie ein leckes Fass ....

an

Bitte, bitte nicht wieder schneiden. Bitte nicht die Hand. Hab nur noch eine. Kann's nicht auch ein Ohr sein. Es tut so weh! Bitte, bitte!

KI

Nein, kann es nicht. Das Ohr ist sauber, die Hand ist völlig verdreckt! Also muss sie weg. Mama!

mu

Ja, mein liebster Sohn.

KI

Mama, bitte (Zögert.) streichel mich, bitte. Ich zeig dir, wie's geht. Es ist ganz einfach. (ER nimmt die Puppe und fährt sich mit ihren Händen über das Gesicht. So fest, dass er zu bluten beginnt.) Nicht so fest, du tust mir ja weh! Kannst du nicht etwas vorsichtiger ...

mu

(ER dreht ihren Kopf hin und her.) Nein. Als wir das in der Schule durchgenommen haben, hab ich gefehlt. Das weißt du doch.

KI

Ich weiß, du warst damals krank.

mu

Ja, ich war damals sehr krank. So krank, dass ich nicht in die Schule konnte.

KI

Ich schneid ihm jetzt die böse Hand ab.

an

Bitte, bitte, bitte ... nicht die Hand. Es tut so weh ....

mu

Stopf ihm sein dreckiges Maul, dann gehen dahin, wo der Wald am dicksten ist. Du weißt, was da auf uns wartet. Alles ist da, alles wird gut, nur du und ich.

KI
Und der Andere?

mu
Den nehmen wir mit und dann nimmst du das Beil und dann kommt er in den Ofen. Aber erst musst du ihm sein verdrecktes Maul stopfen, hast du das schon vergessen?

KI
Das wird schön. Alles wird gut. Nur wir zwei. .... Ich fang jetzt an. (ER nimmt die Ken-Puppe, legt sie auf den Stuhl und umwickelt ihren Kopf dick mit Klebeband.) Maul stopfen, zuerst das Maul stopfen, das nichts mehr rauskommt. (Er nimmt das Messer und schneidet die Puppe in Stücke. Dazu imitiert er die erstickten Schmerzensschreie des ANDEREN.)

mu
Komm, lass uns gehen. Und wenn du groß bist, heiraten wir, und alles wird gut. Alles ist da, wie im Schlaraffenland. Alles, was das Herz begehrt.

KI
Ja, Mama, alles wird gut. (ER stopft sich die Puppenteile vorne in die Unterhose, nimmt die Barbie-Puppe an die Hand und folgt mit ihr der Milch-Spur.)
(ER singt.) Hänsel und Gretel verliefen sich im Wald, es war so finster und bitter bitterkalt ..... Ob die Lebkuchen auf dem Dach nachwachsen wie Fingernägel? Ich freu mich schon so auf die Hochzeit. Du auch, Gretel?

mu
Ja, mein kleiner Mann.

KI
Sag's noch einmal, bitte.

mu
Ja, mein kleiner, kleiner, kleiner, kleiner Hänsel.

ER

Du musst keine Angst haben. (Schreit.) Du musst doch vor mir keine Angst haben. Willst du mich etwa beleidigen. Vor mir Angst haben. Im Gegenteil. Wenn du Angst vor mir hast, nehm ich die Maske ab, dann kannst du mich sehen.

SIE

Nein, nein, nein, ich hab keine Angst vor dir, nein! Entschuldigung, ich wollte dich nicht beleidigen (In Todesangst.) Ich hab doch keine Angst vor .... dir.

ER

Als Kind und auch heute noch – in Tagträumen – bin ich immer in die Märchen hinein gegangen. Ja, richtig rein. Ich konnte das als Kind. Ich konnte das perfekt. Kannte den Eingang, ... Nur wenn du den Eingang kennst, kommst du rein. Kenn ihn immer noch ...
Hatte sonst nichts. Du kennst die Sache vom Blinden, der sein Gebrechen durch seine anderen Sinne ausgleicht. Ich bin also rein und hab dem Hans im Glück Tipps gegeben, wie er seinen Goldklumpen behalten kann. Er war mir sehr dankbar dafür, hat aber dann mit den Schultern gezuckt und ist losgezogen .... hat ja sein kleines Glück gemacht. Andere hab ich bewundert. Am meisten Hans mein Igel! Die meisten kennen dieses Märchen nicht, schade drum! Ein altes Ehepaar bekommt endlich ein Kind; aber es ist behindert. Unten rum ist es ein normaler Junge. Oben aber sieht es aus wie ein Igel. Der Bauer hatte sich versündigt, weil er im Zorn gesagt hatte: „Ich will ein Kind haben und sollts ein Igel sein." Hans mein Igel durfte nicht an die Mutterbrust wegen seiner Stacheln. Man warf ihm etwas Stroh hinter den Ofen, wo er acht Jahre dahin vegetierte. Schließlich ließ er sich vom Vater einen Hahn beschlagen, damit er fortreiten und nie mehr wiederkommen könne. Am Schluss, nach vielen Abenteuern, hat er dann natürlich die Königstochter bekommen. In der Hochzeitsnacht riss er sich seine Igelhaut vom Leib, sie wurde verbrannt und Hans mein Igel wurde ein wunderschöner Prinz. Man hat ihm eine Chance gegeben, verstehst du, eine Chance! Der gute König hat sein Wort gehalten, als Hans mein Igel das erste, was ihm entgegenläuft, verlangte als Lohn dafür, dass er ihm aus dem dicken Wald heraus geholfen hat! Das war seine wunderschöne Tochter! Und die hätte sich sogar mit einem Riesenigel ins Hochzeitsbett gelegt! Auch sie hat ihm eine Chance gegeben! Als Dank dafür reißt sich der Typ die Haut vom Leib, geht ein Wahnsinnsrisiko ein, verstehst du!

Sterben hätte der können. Er wollte der Königstochter nicht wehtun und reißt sich die Haut vom lebendigen Leib! Die Haut, die darunter war, war kohlrabenschwarz, weil ja seine Igelhaut im Schlosshof verbrannt wurde. Aber – Zitat: „Der König schickte zu einem Arzt, der wusch ihn mit guten Salben und balsamierte ihn, da ward er weiß, und war ein schöner junger Herr." Weil man ihm eine Chance gegeben hat, eine faire Chance, weil man ihm vertraut hat, diesem Igelmonster. Der war vielleicht Einsachtzig groß, der breite Rücken von der Hüfte bis zur Stirn mit Stacheln bedeckt, in denen das Ungeziefer sich eingenistet hatte und sich so bewegte, als wäre die Haut zwischen den Stacheln lebendig. Die listigen, schwarze Igelaugen mit stechenden Spitzlichtern unter der niedrigen Stirn, die rüsselförmige Igelnase ständig in alle Richtungen unterwegs, die Zähne spitz und gelb - dazwischen verwesende Reste von Schnecken, Würmern, Maden und Käferkörpern ..... Aber die Prinzessin hat ihm den Hochzeitskuss nicht verweigert. Er hat seine Chance genutzt. Hat sein rosiges Schnäuzlein zitternd gegen die stachelige Stirn gehoben und die gelben Zähne gebleckt .... Hans mein Igel, ein irrer Typ! In manche Märchen hab ich mich aber nicht reingetraut. Jorinde und Joringel zum Beispiel hat mir furchtbare Angst gemacht. War einmal drin, in diesem Horrorschloss, mit diesen vielen Vögeln. Die haben alle aus den Augen geblutet. War viel zu lang drinnen, hätt fast nicht mehr raus gefunden. Überall diese Vögel, Hunderte, Tausende, ... überall Staub. Der ist mir in die Augen und in die Nase, überall rein, und das Blut, das viele Blut,........ Auch Aschenputtel war tabu für mich, absolut tabu. Gefährliches Märchen! Wird unterschätzt, gnadenlos unterschätzt! Brandgefährlich ist das! Viel, viel Blut .... Kennst du Shining von Stanley Kubrick? Wie oft hab ich mir diesen Film angesehen. Am schlimmsten war das Bild von der Aufzugtür. Das vergessen die meisten, die erinnern sich an Jack Torrance, wenn er mit dem Beil in der Hand Amok läuft. Viel furchtbarer ist der Schock, wenn Jack in der Colorado Lounge die Toilette betritt: die Wandfliesen dröhnen dunkelrot wie Ochsenblut. Wenn die Aufzugtür sich dann von der Mitte aus nach beiden Seiten öffnet und dieser gigantische, schäumende Blutschwall in Zeitlupe herausquillt wie dicker purpurner Sirup ! Als hätte man ein riesiges Märchenbuch geöffnet ....! Aber trotzdem war ich immer wieder drin! Am liebsten aber war ich in ...
du darfst raten ....

SIE
Hänsel und Gretel ....

ER

Richtig, du hast gut aufgepasst. Diesmal sozusagen in der Schule nicht gefehlt.

SIE

Ja, ich pass gut auf.

ER

Hab ihnen immer was zu essen zugesteckt,
mussten nicht hungern, konnten zu Hause bleiben ....

(Fahles Licht. Er liegt im Laufstall, bewegt sich unruhig im Schlaf und spricht.)

KI

Die Vögel sind so staubig, alles voller Staub, das ganze Schloss. Ihre Augen bluten. Das Blut rinnt in ihre staubigen Federn und wird schwarz und hart. Die Tür ist zu. Hab sie zuschlagen hören. Man erstickt im Staub, das Blut von den Vögeln riecht wie der Sommerstaub, wenn die ersten großen Regentropfen wie in Zeitlupe hineinfallen..........
(Laut.) Luft, Luft, Luft! Das Schloss würgt mich, der viele Staub, das harte Blut ....

MU

Sei still, hörst du mich, sei endlich still! Was redest du? (SIE packt ihn und schüttelt ihn. ER wacht auf und klammert sich an SIE.)

KI

Mein Mund, mein Mund! Alles ist voll Staub. Voll Staub und trocknem, schwarzen Blut! Ich trockne aus. Ich hab Durst. Lass mich trinken, bitte lass mich trinken! (ER versucht durch die Kleidung an ihrer Brust zu saugen.)

MU

Lass mich los, lass mich sofort los. Du sollst mich nicht angrapschen, das weißt du doch! (Sie stößt ihn weg.) Was stinkt da so? Das riecht ja fürchterlich. Hast du gekotzt oder was? Oder in die Hose geschissen vor Angst? Was hast da unter dem Handtuch? Nimm das weg!

KI

(ER nimmt das Handtuch weg.) Essen. Aber nicht für mich. Ich hab´s nicht angerührt.

MU

Das ist ja alles verschimmelt, total vergammelt. Wie das stinkt, ... alles voller Maden.. (Sie würgt und erbricht.)

KI

Ich hab dich das erste Mal ...... kotzen ... sehen, sonst sagst du´s immer nur.
Ich grapsch dich nicht mehr an. Keine Angst, Mama. Schneid mir eher die Hand ab.

ER

(Zögert lange, ehe er spricht.) Fass mich an. Streichel mich!

SIE

Ja. (SIE will ihm in den Schritt fassen.)

ER

Nicht da, das ist u n a n s t ä n d i g ! Das müsstest du doch gelernt haben. Du machst dir die Hand schmutzig. Die müsst ich dir dann abschneiden. Kenn mich da aus.

SIE

(Zuckt zurück.) Entschuldige. Wo, wo soll ich...?

ER

Man muss nicht unanständig sein. Ich war nie unanständig. Du hast doch keine Ahnung! Du weißt ja nicht, was das Schönste ist! Das Schönste ist unerreichbar! Sonst wär´s ja zu einfach.
Das Schönste, das Erregendste ist der Augenblick, in dem du in den Schlaf hinüber gleitest. Der Schlaf selbst existiert für dich ja nur, wenn du heftig träumst oder an der Oberfläche einer nervösen Nacht dahin driftest. Wenn du ganz tief schläfst, bist du ja so gut wie tot, vergessen, vollkommen ausgelöscht. Den Übergang ..., den Übergang, wenn alles leicht, so ätherisch, so unendlich leicht wird und alle Schmerzen dich verlassen wie Ungeziefer eine gekillte Maus flieht wie Ratten das sinkende Schiff - wenn du abhebst

wie ein schwarzer, schlanker, leichtgewichtiger Skiflieger und zu schweben beginnst über bräunlichen, warmen Kinderbuchbilderlandschaften ..... diesen stufenlosen Übertritt erlebt kein Mensch, weil das Erleben ihn natürlich zerstören würde. Ich versuche jeden Morgen, wenn ich aufwache, mich an dieses Hinübergleiten zu erinnern – genau an den Moment der Verwandlung, der Auflösung. Es gelingt mir nicht. Aber ich habe eine Ahnung davon, eine Ahnung, die den Unanständigen ein Buch mit sieben Siegeln ist. (ER streift seinen Hemdsärmel zurück.) Hier.

SIE
Okay. (SIE beginnt mit zitternden Fingern seinen Arm zu streicheln.) So besser.

ER
(ER schließt die Augen und beginnt heftig zu atmen.) Das Einzige, was mit diesem Hinübergleiten vergleichbar ist, ihm noch am ehesten ähnelt, ist ..... wenn du in diese Märchen hinein gehst, die Last abwerfen, heimkommen ....
(Er singt.) Hänsel und Gretel verliefen sich im Wald, es war so finster und bitter bitterkalt ..... Ob die Lebkuchen auf dem Dach nachwachsen wie Fingernägel, die man angeknabbert hat? Mach weiter! (ER hält ihr die Pistole an den Kopf.) Kommst du mit? Ich meine in ein Märchen? Ob du mitkommst?

SIE
Ja, natürlich, gerne. Gefällt's dir? (SIE streichelt mechanisch weiter und wimmert.)
(Fahles Licht. Er liegt im Laufstall. Sie kommt mit dem ANDEREN herein.)

MU
Mein Füße. Die Schuhe sind zu eng. Ich krieg' sie kaum aus. Halt mich. (Er hält SIE. SIE zieht unter großen Schmerzen die Schuhe aus.) Meine Fersen. Tut das weh. Schau doch, alles voller Blut. Die Strumpfhose zerfetzt, die Haut abgelöst. Ich blute wie ein Schwein. Eklig. (Plötzlich lacht SIE.) Willst du mal was sehen? Pass auf! Nimm den Fotoapparat!
(SIE geht mit einem Schuh in der Hand zum Laufstall und rüttelt IHN wach.) Ruckediguh, Blut ist im Schuh. Ruckediguh. (SIE hält ihm den blutigen Schuh hin. Er kreischt. Blitzlicht vom Fotoapparat. SIE lacht laut.) Überraschung!!

ER
Du darfst dir eines aussuchen. Nein, warte, ich such eines für dich aus. Du kennst dich bei Märchen nicht aus, das weiß ich. Lass mich überlegen, ich nehme, ... mach weiter ,..... ich nehme Jorinde und ...

SIE
Nein, bitte, bitte nicht, ...

ER
Oder Aschenputtel? Die Szene, wo sich die Schwester die Fersen abhackt!

SIE
Nein.................

ER
(Gluckst.) War nur ein Scherz. Ich hab uns mein Lieblingsmärchen ausgesucht. Wir werden also dahin gehen, wo der Wald am dicksten ist ... Kommst du mit, Gretel?

SIE
Bitte, lass uns aufhören. Ich muss weg, ich muss zu meinem .... Sohn.

ER
Sag: „Ja, mein kleiner, kleiner, kleiner, kleiner Hänsel." Sag´s!

SIE
Ja, mein kleiner, kleiner Hänsel.

ER
Noch mal! Du hast wieder nicht aufgepasst! Viermal kleiner! Hänsel ist klein, sehr klein. Er ist ein Kind, verstehst du? Ein armes kleines, verzweifeltes, einsames, hilfloses Kind. Viermal, okay?

SIE
Ja, mein kleiner, kleiner, kleiner, kleiner Hänsel. Ich sterbe ....

ER
Du hast einen Sohn. Wusst' ich´s doch. (ER stößt sie weg und holt die Bar-

biepuppe aus seiner Jackentasche. Sie ist nackt bis auf den abgeklebten
Unterleib. Er spricht mit der Spielstimme der Mutter.) Lass mich los, lass
mich sofort los. Du sollst mich nicht angrapschen, das weißt du
doch! Was stinkt da so? Das riecht ja fürchterlich. Hast du gekotzt oder
was? Oder in die Hose geschissen vor Angst? (ER nimmt die Maske ab. SIE
hält sich die Augen zu.)
Schau mich an. Wir müssen los. (ER ahmt wieder ihre Stimme nach.)
Komm, lass uns gehen. Und wenn du groß bist, heiraten wir, und alles wird
gut. Alles ist da, wie im Schlaraffenland. Alles, was das Herz begehrt.
Ja, ich geb' ihn weg. Ja. Er wird´s besser haben. Ich kann nichts mit ihm an-
fangen. Ja, er stört. Er nervt. Ständig nervt er. Ruckediguh, Blut ist im
Schuh.

SIE
(Nimmt die Hände von den Augen und schaut ihn an.) Ich hab Angst.

ER
(Spricht mit der Barbie-Puppe.) Ich wusste, dass du einen Sohn hast.

SIE
(Äfft SIE nach.) Ich hab Angst, ich hab Angst vor dem staubigen Schloss. Vor
dem Blut. Vor den Vögeln, den siebentausend Vögeln, alle Jungfrauen –
keusch, unschuldig. Nicht so drecksversaut wie ich! Wer erlöst mich, wer
erlöst mich? Ich bin keine Nachtigall wie Jorinde, ich bin ein scheißbeschis-
sener, dreckiger, stinkender Marabu ....

ER
Komm, wir müssen los. Ich kann´s kaum erwarten. Endlich! Komm, ich zeig
dir den Eingang. Man muss den Eingang kennen, sonst hat mein keine
Chance. Ich kenne ihn. Ich kenne ihn gut. Komm! (ER nimmt ihre Hand, hält
ihr den Revolver an die Schläfe. Er führt sie auf die Nebenbühne. Im Lauf-
stall steht die aufblasbare Puppe.) Ah, da wartet ja schon jemand. Komm,
wir gehen!

SIE
Ich hab Angst! Ich hab so ne Scheißangst! Lass mich hier, bitte lass mich
hier, bitte, bitte!

ER

Ich hab' keine Angst. Ich kann auch allein gehen. War immer allein! Immer! Lag auf dem Stroh hinter dem Ofen wie Hans mein Igel. Aber ich war nicht so tapfer wie er, bin eher feige. Hab immer gehofft, anstatt zu gehn. War eher der Hänsel. Aber an seiner Stelle hätt ich die Stiefmutter, nicht die Hexe. Ich kann jetzt auch allein gehen, ganz allein. Die Last abwerfen .... endlich heimkommen! (ER drückt den Revolverlauf an ihre Schläfe, dann an seine, wieder an ihre, wieder an seine und lässt dann langsam den Arm sinken. ER schließt die Augen und lächelt. Black! „Prologue" von The Crash)

- Ende -

Haiymaath - einmalamendezustehen
Uraufführung 2006 | Stadttheater Aschaffenburg

Die beiden Fremden sprechen eine Kunstsprache.
In der Aschaffenburger Uraufführung war diese
eine Mischung aus Polnisch, Portugiesisch und Finnisch.
(„Pseudopolnisch")

*

„Einmal am Ende zu stehen,
Wo Meer in gelblichen Flecken
Leise schwimmt schon herein
Zu der September Bucht."

*

Volkslieder, die der Chor singt:

Der Mond ist aufgegangen
Ännchen von Tharau
Der Lindenbaum
Guten Abend, gute Nacht
In einem kühlen Grunde
Muss i denn zum Städtele hinaus
Min Jehann
Dat du min Leevste bist

Personen

Alwin   45 bis 55
Andi   30 bis 40
Ada   Mitte 20
Fremde I   ganz jung
Fremde II   jung

Hinter einem Gazevorhang, erhöht, hinter dem Bühnengeschehen, ein Männerchor, der bei gewissen Szenenwechseln Volkslieder singt.

I. Szene

(Wirtshaus: Stühle, Tische, Theke, Spielautomat etc. Alwin am Tisch.)

Alwin
(Sehr, sehr lange Stille nach dem Lied. Fast quälend lang.) Man lauscht so in sich hinein, man ist soweit weg. Kommt in Dörfer aus den Wäldern, in Dörfer, wo alte Tanzböden stehen, aus warmem, gelbem Holz. Lässt sich nieder im Schatten, lässt sich nieder, seufzend und schön müde. Die Sonne wärmt herbstlich sanft. Gütig fast streichelt sie die blassen, kühlen Wangen. Ein kleiner, feiner Wind dann vielleicht, samtig vielleicht. Vielleicht wie warmer Honig auf der Haut.
Dann Einfaches: Milch, Brot, Butter. Kalt, die Milch und der Rahm obenauf gelblich. „Einmal am Ende zu stehen,Wo Meer in gelblichen Flecken leise schwimmt schon herein zu der   September Bucht." Schön das! Schön!(Es klopft an die Tür. Alwin wartet lange, schließt dann die Tür mit einem Schlüssel auf. Andi kommt herein, schiebt Ada vor sich her.)

Andi
Danke! Schön hier. Schön alt. Danke! Hunger! Durst!

Alwin
Nichts da, im Moment.

Andi
Hunger! Nur ein kleines Stück! Brot, vielleicht? Schluck Milch, Wasser, vielleicht? Nicht viel!

Alwin
Sag ja, im Moment nichts da. Im Moment sieht's nicht gut aus damit. Im Moment nicht. Später vielleicht. Vielleicht später. Vielleicht! Komisches Wort: vielleicht!

Andi
Okay, vielleicht später. Sie redet nicht mehr. Kein Wort. Ein bisschen Ruhe, ausruhen. Der Stuhl frei? Danke.

Ada
(Legt sich auf den Boden. Embryostellung. Heftiges Schlagen gegen die Tür. Das Licht verdämmert sehr, sehr langsam.)

II. Szene

Ada
(Sie krabbelt herum. Nimmt das Pflaster ab. Entdeckt einen Fressnapf, und isst aus dem Napf wie eine Katze. Befestigt das Pflaster wieder.
Sie legt sich dann wieder hin. Das Licht verdämmert sehr, sehr langsam.
Währenddessen lautes Schlagen gegen die Tür.)

III. Szene

Andi
(Geht im Raum umher. Stöbert herum, summt vor sich hin.)

Alwin
Nichts. Nichts da. War früher anders. War viel zu viel. O Gott, welche Verschwendung. Falsche Gewichtung, würde ich sagen. O Gott, welcher Wahnsinn. Viel zu viel. Lächerlich. Lächerlich und peinlich dazu.

Andi

Der Hunger hält sich in Grenzen, weniger der Durst, der frisst in mir. (Zeigt auf den Napf.) Hund im Haus, Katze?

Alwin

Lange her. Sie haben sie weggenommen. Schönes Tier, weich, sanft, klug. Kluge Augen. Bernsteinfarben, rund und groß. O Gott, was war das Tier sanftmütig. Kater, eminent gut bemuskelt, ein Kaltblüter unter den Katzen, so kompakt, so kräftig, so unerschütterlich, so gütig.

Andi

Seltsam, jetzt, da ich das höre. Unterwegs, durch die Dörfer, durch die Ruinen der Industrieviertel, die Prärien der Fußgängerzonen – kein solches Tier, kein einziges. Müll, Unrat, das Übliche. Wie ausgestorben.

Alwin

Wie findet man hierher, ausgerechnet? In diese gottverlassene Gegend. Der Nase nach immer - oder wie? Ausgerechnet hierher?

Andi

Sie hat mich geführt. Wie ein Hund, der, wie Sie richtig sagen, seiner Nase folgt – untrüglich. Ich immer ihrer Nase nach. Hab sie manchmal bremsen müssen, sogar! Sie spricht nicht mehr. Zu viel gesehen, glaub ich! Vielleicht. Schläft viel.

Alwin

(Wieder dröhnen Schläge gegen die Tür.) Hört, hört? Es wird lauter. Irgendwann wird man sie herein lassen müssen. Die Tür ist nicht – wie sagt man – für die Ewigkeit gebaut.

Andi

Nein. Nicht für die Ewigkeit, klar. Es macht mir Angst, irgendwie! Ihnen? Keine Angst? Sehen jedenfalls so aus, so gelassen, irgendwie.

Alwin

Keine Angst, ich? Seh' ich so aus, als hätte ich keine Angst. Da drüben war früher der – wie heißt das noch – der Stammtisch. (Die Schläge dröhnen weiter. Das Licht verdämmert.)

III. Szene

Ada
(Andi und Alwin schlafen. Ada krabbelt auf allen Vieren durch den Raum.
Spielt Katze, miaut, reibt sich an den Möbeln, beschnüffelt alles. Sie nimmt
den leeren Napf in die Hand und wirft ihn gegen die Wand.)

IV. Szene

Alwin
Haben Karten gespielt und die Welt fing an zu wanken. Haben weiter ge-
spielt an ihrem Tisch, ihrer kleinen, heilen Welt. Eingehüllt von
weichem, grauen Rauch, honigfarbenem Licht - entrückt nahezu.
Als wäre der Fernseher ein Theater. Wenn der die Katastrophen über den
Tisch gespült hat, hat man kurz die Biergläser gehoben und die Karten und
die Geldschüsseln und alles weggewischt, wie beiläufig – halt weiter-
gemacht. Nichts passiert eben.

Andi
Stammtischbrüder. Wo sind sie?

Alwin
Ein Scherz, Er macht einen – schlechten Scherz? Wo sollen sie sein? Wo
sollten die hineinpassen? Waren überfällig, jahrzehntelang! Wie die vier
Affen haben sie sich alles zugehalten. Dicht gemacht!
Ihre Radios hatten Scheuklappen, alles abgeschirmt bis auf einen Kanal.
Waren unbelehrbar, stur, stoisch, starr. So was bricht dann weg wie Bake-
lit. Dieses unnachgiebige, intolerante, stinkende Zeug.
Müsste man das noch kennen vom Alter her oder ist er zu jung?

Andi
Verstehe, logisch! Entschuldigung. Der Durst! Macht mir zu schaffen. Klebt
alles, pappt! Was gäb' ich um einen Schluck, einen einzigen nur!

Alwin
(Plötzlich aufbrausend.) Ich schneid's mir aus den Rippen, okay! Entschuldi-
gung, hab's nicht so gemeint, ... die Nerven ...

Andi

Sorry, pardon, ich geb' schon Ruhe. Tut mir furchtbar .....

Ada

(Sie springt auf und fängt an zu fiepen wie ein kleiner Hund.)

Andi

(Lauscht angestrengt.) Sie kommen. (Das Dröhnen an der Tür setzt wieder ein. Das Licht verdämmert. Gegen das Dröhnen singt der Chor an.)

V. Szene

Andi

(Andi am Tisch, im fahlen Licht, allein. Lauscht.) Alles wieder still! Auf einmal. (Er singt „Der Mond ist aufgegangen.") Aber sie sind da. Der Weg war weit – und steinig. Alles so lange her, so lange. Die fetten Jahre. Die überfetteten. Sinnlos. Ein nahezu unendlicher Zeitraum. Nicht mehr gespürt hat man sich tatsächlich. Gab zu viel, was man haben konnte, auch wenn man's gar nicht gebraucht hat. Lächerlich und hochnotpeinlich geradezu, womit man sich alles behängt hat! Hottentotten! Buschmänner! Zugemüllt alles eigentliche, ...versiegelt.
(Singt wieder.) Das Blümelein am Wegesrand! (Lacht trocken.) Der Ballast ist weg, endlich. Hat auf einem gelastet wie Blei. Die Luft weggenommen. Den Seelenschatz abgezwungen, literarisch gesagt.
Der Durst quält, aber nicht beklagen! Ein klarer, kalter Schluck, o Gott! Mehr nicht! Würde diese neue Leichtigkeit beschweren. Zu viel von allem, zu viele Klamotten. Hier was, da was. Jetzt spürst du dich, jetzt, wo dein Hemd dünn ist. Jetzt immer dieses leichte, erfrischende Frösteln. Der Hautkontakt zu den Steinen, dem Bach, der neben dem Weg davonläuft, dem Himmel, dem All. Jetzt bloß nicht zu pathetisch werden. Sich bremsen. Musik. Mozart hat gar nicht alles mit eigenen Ohren hören können, was er geschrieben hat. Hätte doch ständig ein stehendes Orchester benötigt. Darum beneidet man ihn am meisten. O Gott, einmal in diesem Zustand zu sein, einmal am Ende zu stehen, wo Meer ....
Sie werden kommen, man wird sie hereinlassen müssen. Sie haben schon zu lange gewartet. Sind definitiv dran. Muss man so sehen, neidlos.
(Singt wieder. Licht verdämmert.)

VI. Szene

(Das Licht wird langsam hochgezogen. Alwin, Andi und Ada schlafen am Tisch. Die Tür steht weit auf. Auf zwei Stühlen sitzen die beiden Fremden. Ihre Kleidung erinnert sehr stark an das Outfit von Alex und seinen Kumpanen aus dem Film „Uhrwerk Orange" von Stanley Kubrick. Beide haben einen Baseballschläger, mit dem sie herumspielen.)

Ada
(Sie wacht auf und nimmt das Klebeband ab.) Hallo! (Lange Pause.) Hallo! (Lange Pause.) Hallo! (Black.)

VI. Szene

(Die beiden Fremden unterhalten sich in einer Kunst-Sprache.)

Alwin
Sie sind da. Endlich. Hab die Spannung kaum mehr ertragen. Sie sehen sehr fremd aus. Höchst eigenwillig das Outfit. Sehr sauber aber.Klinisch fast. Wie ganz weit weg, obwohl sie jetzt ja hier sind.

Andi
(Meint Ada.) Überläuferin? Hat sich das Pflaster abgemacht. Hat hoffentlich nichts zu bedeuten. Hat sie bis jetzt sozusagen als Schutz getragen. Hat sich regelrecht entblößt, wirkt ordinär fast. Dieser Mund, den ich seit Unzeiten nicht mehr gesehen habe! Fast wie eine brünstige ... Geschlechtsöffnung, fast ...

Alwin
Scheint sich zu verstehen mit denen. Scheint auch diese eigenwillige Sprache zu verstehen. Scheint fast so. Klingt nach Slawischem und wieder auch nicht. Fernöstliches schimmert durch irgendwie, oder? Wie gesagt, sehr eigenwillig oder ...?

(Ada übersetzt.)

Ada

Sie haben Hunger. Durst auch. Viel Hunger, viel Durst.

Andi

Sie spricht wieder. Nach dieser langen Zeit. Ich fass es nicht.

Alwin

Soll ich´s mir, ich wiederhole mich jetzt einfach mal, aus den ... sprichwört-
lichen ... Rippen schneiden?

Ada

(Die Fremden lachen und tuscheln.)
Sie sagen ja! Wenn nichts anderes da ist. Dann ja.!

Alwin

Dann was, ja?

Ada

Dann ja! (Ada und die Fremden schütten sich aus vor Lachen. Black!)

VII. Szene

(Der Chor hinter der Gaze singt. Sehr, sehr lange Stille nach dem Lied. Ada
sitzt bei den Fremden, die sich unterhalten. Sie lachen viel.)

Andi

Sie lachen. Ob sie über uns lachen? Ich meine, ob die uns auslachen, viel-
leicht? Fast so, als hätten die etwas vor mit uns.

Alwin

Was sollten die vorhaben. Wirken doch zivilisiert. Mitteleuropäischer
Standard nahezu. Zugegeben das Outfit weniger. Wirkt eher, wie will ich
sagen, wirkt eher unzart, eher verwegen, eher waghalsig irgendwie ...

Andi

Was finden die so komisch an uns? Sie scheint sich verbündet zu haben mit denen. Passen irgendwie zusammen. Als würden die sich kennen seit ... Urzeiten. Sagt man das so? Seit Urzeiten?

(Plötzlich schweigen die Drei. Sie sehen frech und aufdringlich zu Alwin und Andi herüber. Das Licht verlischt sehr, sehr langsam. Der Chor singt „Guten Abend, gute Nacht".)

VIII. Szene

(Die beiden Fremden essen und trinken. Ada kauert am Tisch und nimmt sich die Reste, die die beiden ihr zuwerfen.)

Andi

Es schmeckt ihnen. Der Hunger wütet in mir. Viel schlimmer noch der Durst. Viel, viel schlimmer ... Ein Schluck, ein einziger Schluck. Unterwegs haben wir aus Bächen getrunken. Das Wasser so kalt, so eisig ist es in uns hineingefahren. Hat fast geschmerzt, die Speiseröhre hinab gestürzt. Unterwegs: Die Natur so übermächtig, dass sie fast nicht mehr schön war. So gewaltig, gewalttätig ...so stark, so unabhängig ..., erwachsen ... Hier aber scheinen wir am Ende angelangt ...

Alwin

Vielleicht lassen sie etwas übrig, etwas stehen. Ein klein wenig wenigstens. Ja, es schmeckt ihnen. Macht fast Freude, ihnen zuzusehen beim Vertilgen. Mir würde ein Schluck genügen, einige Krumen ... mehr nicht. Alles andere wäre ja vermessen ...

Andi

Einmal am Ende zu stehen .... Die Städte wie Geisterbahnen, versteppte Fußgängerzonen, Bahnhöfe wie faule, stinkende, eiternde Zähne. In den Schaufenstern Vergilbtes, Spinnweben groß wie das Tauwerk alter Segelschiffe. Staub überall, dösende Schuttwüsten. Eingehüllt alles in eine unendliche Müdigkeit. Dornröschenschlaf. Die dicke Hand des Kochs abgebremst Millimeter vor der rosigen Backe des Küchenjungen ... Einmal am Ende zu stehen, wo Meer in gelblichen Flecken leise schwimmt schon herein zu der September Bucht .... ja ja

(Langsames Verdämmern.)

IX. Szene

(Die drei tuscheln und lachen. Ada nimmt einen Baseballschläger und kommt zu Andi und Alwin herüber. Sie bleibt vor Andi stehen.)

Ada
Die Hand!

Andi
Welche Hand?

Ada
(Schaut kurz zu den Fremden hinüber. Die zucken mit den Schultern. Sie äfft ihn nach.) Welche Hand?

Andi
Du sprichst wieder, Ada! Wie das? Wie kommt das?

Ada
Ist egal!

Andi
Was jetzt?

Ada
Alles! Alles ist egal! Scheißegal! Merkst du das nicht? Die Hand!

Andi
Wohin?

Ada
(Schaut kurz zu den Fremden hinüber. Die zucken mit den Schultern.) Auf den Tisch! Okay. Und – und es wird nicht gezuckt, okay? Tapfer sein, okay? War auch immer tapfer!

Andi
Okay. Mach aber schnell. Ich mach die Augen zu, okay?

Ada
Okay! (Sie schlägt mit dem Baseballschläger mit voller Wucht zu. Black)

X. Szene

(Das Licht geht langsam hoch. Andi und Alwin sitzen nebeneinander. Andis rechte Hand steckt in einem provisorischen Verband. Sie werden von den Dreien aus dem Halbdunkel beobachtet.)

Andi
Die Schmerzen lassen nach. Bin Gott sei Dank Linkshänder. Gott sei Dank. Wär' nicht auszudenken. Der Durst wird allerdings stärker. Ein Schluck, einen Schluck ...

Alwin
Mein Gott, bin ich erschrocken. Dachte an die rumänischen Bergarbeiter, die mit Eisenstangen bewaffnet gen Bukarest zogen vor langer Zeit. Hatte das Gefühl, damals, dem Stammtisch war das recht, der wäre dabei gewesen. Seit an Seit mit diesen Tieren .... Gott sei Dank Linkshänder. Man weiß ja nie. (Er reibt sich die rechte Hand. Immer schneller und schneller. Black.)

XI. Szene

(Der Chor singt. Das Licht geht langsam über den Dreien hoch, bleibt aber sehr fahl. Die beiden Fremden haben Messer in der Hand. Ada kniet zwischen ihnen. Sie schneiden an ihr herum und kommentieren ihr Tun sachlich und leise. Adas Stöhnen changiert zwischen Schmerz und Wollust. Das Licht nimmt langsam wieder ab. Black.)

XII. Szene

(Ada trägt einen Kopfverband. Sie kauert unter dem Tisch. Die Fremden starren sehr lange zu Andi und Alwin herüber. Sie schauen sich an, lächeln und starren weiter.)

XIII. Szene

(Ada und die Fremden sind weg. Die Tür steht auf. Beide Baseballschläger lehnen an den Stühlen. Andi und Alwin halten jeder ein Glas in der Hand.)

Alwin

Mein Gott! In ganz kleinen, winzigen Schlucken genießen. Ich leite das Wasser an die Ränder meiner Zunge. Dort spür ich seine Kraft am stärksten. Lass es entlang gleiten, langsam, ganz langsam. Nicht zu lange allerdings, darf sich nicht zu sehr mit dem Speichel vermischen. Verliert dann an Kälte, Energie und Autorität. Die müssen da sein noch, wenn es hinunterrinnt in die Tiefen des Körpers. Der aber ist wie ein Schwamm, wie ein glühend heißer Stein ...

Andi

Mein Gott! So wenig! Ist das nun besser oder schlechter als nichts. Wenn man weg könnte, einfach weg. Hinaus in die Wälder... meine Hand wie ein glühendes Eisen in die trostreiche Kälte eines Baches ... Wenn man weg könnte, zurück, weiter zurück als dahin, von wo man gekommen ist ....

Alwin

Weg können – lächerlich! Wir stehen hier am Ende ... sollte man nicht vergessen ... ! Sie sind weg. Wie lange aber? Haben zwei Souvenirs zurückgelassen, ... lehnen an den Stühlen, warten auf die Fremden ... Hätt' sie mir ganz anders vorgestellt, nicht so gewöhnlich ...

Andi

Worauf warten wir? Nicht, dass ich ungeduldig wäre, nein, ..., nicht, dass ich übermäßige Angst hätte, nein, ... Früher, viel früher hatte man Angst vor dem Tod. Ohne diese Angst würde es uns heute nicht mehr geben, klar ... (Licht geht langsam aus. Der Chor singt.)

XIV. Szene

(Die Fremden und Ada sitzen wieder am Tisch. Sie reden mit ihr; sie übersetzt. Dabei essen sie mit demonstrativem Gestus.)

Ada
Sie sagen, dass es ihnen schmeckt. Es schmecke ihnen vorzüglich. Etwas scharf vielleicht, etwas streng, aber sonst ... Sehr gut.

Andi
(Er schnüffelt.) Riecht gut, etwas streng, ... das riecht man heraus. Tatsächlich ziemlich scharf ... aber Fleisch. Was gäbe man drum ..., ein Stück, ein Stück vom Himmel, ... mein Gott, ein Stück ...

Alwin
Sein Leben fast – gäbe man drum, ... das drängt sogar den Durst, den lauten, zurück ... Fleisch, gebratenes, saftiges ... der Duft, könnte einen wahnsinnig machen, geradezu, ...

Ada
Es schmeckt ihnen vorzüglich. Lecken sich alle Finger danach, wie man sehen kann, ... vom Grill, der da draußen steht, der ist rot vom Rost zwar, hält aber noch zusammen, funktioniert noch, leidlich ... Wie man unschwer sehen und riechen vor allem, vor allem riechen kann ...

Andi
Mein Gott, ein Stück, einige Fasern von diesem duftenden, ... die Farbe auch – dieses schwärzliche Braun, ... schier wahnsinnig macht einen dieser Duft. Selbst der Duft, der Geruch scheint diese Farbe zu tragen, auf sich – vor sich her ...

Ada
Sie gäben euch, sie gäben euch gerne davon. Jedoch sei Wasser im Moment, im Moment sei kein Wasser da. Kein einziger Schluck. Später, sagen sie, später
vielleicht, meinen sie, ... aber von dem Fleisch könntet ihr haben, ... gerne.

Andi

Ob man es annehmen kann? Ob man ein Recht hat dazu?

Alwin
Mein Gott, dieser Wohlgeruch, ... Recht? Hier am Ende ... fragt keiner nach Rechten, ... nach Anstand vielleicht, ... sie geben es gerne, sagt sie, ...

Ada
Sie würden ungeduldig, langsam, ...

Alwin
Gut, eine Frage aber, ... nach dem Fleisch, ... woher, ich meine, von wem ... Ich meine, es ist eine Frage nur, nur eine Frage, ... woher ...? Das Fleisch?

Andi
Ob man das fragen darf? Ich meine, ... gut, die Frage ist gestellt ... jetzt!

Ada
Keine Fragen! Hier am Ende keine Fragen mehr! Aber ... aus den Rippen, aus ihren Rippen geschnitten, hätten sie's nicht. Nein.

Andi
Also gut.

Alwin
Also gut.

Ada
Sie werden euch eine Antwort geben. Aber erst das Fleisch. Ihr bekämt soviel, wie das Herz begehrt oder besser der Magen, ... aber, alles müsse weg.
Alles, sonst könne es Ärger geben, meinen sie.

(Alwin und Andi probieren das Fleisch.)

Andi
So gut, so würzig, etwas streng, aber so gut ...

Alwin
Ja, so gut, so gut, dass man weinen könnte vor Erleichterung. So wunder-

bar, ... etwas salzig, ... der Durst lauert, aber das Fleisch, so gut ...

Ada
Ihr habt viel genommen, sehr viel. Das müsse, so sagen sie, und sie scher-
zen nicht, jetzt gegessen werden, alles ... Sie sagen, ihr solltet nicht verges-
sen, dass ihr hier am Ende stündet, das solltet ihr nicht vergessen ... Sie sei-
en streng, so streng wie das Fleisch, aber gerecht ...

Alwin
Ja!

Andi
Ja!

Ada
Sie werden euch jetzt sagen, was ihr esst, woher das Fleisch käme. Es sei
übrigens gutes Fleisch, frisches Fleisch ... sie möchten, dass ihr weiter esst,
wenn sie euch sagen, woher das Fleisch kommt, ... Sie möchten es euch
selbst sagen. Das sei, wie sie sagen, international und leicht verständlich,
selbst ein einjähriges Kind würde dies verstehen.

Fremde I
(Sie kniet sich auf den Tisch. Die Fremde II holt mit dem Baseballschläger
aus und tut so, als würde sie ihr ins Genick schlagen.) Ha!

Fremde II
Miau!!!!!! (Sie schreit sehr laut. Die Fremde I stimmt ein.)

(Alwin und Andi essen. Lange, lange Stille. Aus dem Off hört man den Chor.
Dann wieder lange Stille.)

XV. Szene

(Andi schläft. Alwin hat ein Buch in der Hand und liest laut.)

Alwin (liest)
„Nicht Skepsis war in meinem Herzen, nur die Gewissheit, dass ich einst
wieder zu Asche werde, in grenzenlose Finsternis falle, wo man vergebens

nach Seiendem sucht. Und sogar jetzt, wo mir der wunderliche Gedanke im Kopf herumgeht, dass ich dort vielleicht etwas vorfinden werde, habe ich das Verlangen, mir selber treu zu bleiben. Wenn es Gott nicht gibt, was soll mir dann der Jakobinerpater?
Wenn es ihn aber gibt, was wird er dann von mir denken? Dass ich im letzten Augenblick, aus Angst vor ihm, in die Knie sinke? Wenn er ist, ist er groß und weise. Und wenn er groß und weise ist – verachtet er Hohlköpfe und Kleinmütige. Und eben darum werde ich ihm nicht entgegen gehen."
Ein Schluck, einen Schluck ... O Gott!

(Die Fremden kommen herein. Sie haben einen großen Blechkanister dabei. Fremde I führt Ada an einer Hundeleine hinter sich her. Sie bewegt sich auf allen Vieren. Fremde II packt sie im Genick und spricht zu ihr.)

Ada
Sie wollen euch testen. Ein einfacher Test. Sie werden euch nicht verraten, worauf es bei diesem Test ankommt. Das bleibt euch überlassen, eurem Gespür, eurer Intelligenz. Sie sind sehr konsequent, wie ihr bemerkt haben müsstet – nicht eigentlich streng, eigentlich eher hart und gerecht und sie haben viel Zeit, das solltet ihr nicht vergessen. Alle Zeit der Welt, wie sie sagen ..., alle Zeit ...
(Die Fremden lächeln und setzen sich an den Tisch. Sie gießen aus dem Kanister Wasser in zwei Gläser und trinken diese mit langen Zügen aus. Fremde II nimmt den Kanister, hebt ihn hoch und gießt das Wasser in ganz dünnem Strahl auf den Boden, bis der Kanister leer ist. Das Licht verdämmert, nur auf der Wasserpfütze bleibt es fahl stehen. Der Chor singt. Black!)

XVI. Szene

(Fahles Licht fällt auf Andi. Man hört das Geräusch von laufendem Wasser.)

Andi
(Andi schreckt plötzlich aus dem Schlaf auf. Hat etwas im Mund, was ihn stört.) Diese Bilder aus amerikanischen Farbfilmen. In sauberen Badezimmern stand man vor dem Waschbecken, ... frisch rasiert, auf den Lippen das Weiß der Zahnpasta, putzte und sprach, sprach und putzte, telefonier-

te manchmal gar minutenlang, während das Wasser unablässig lief. Keiner kam auch nur auf den Gedanken, es abzustellen. Am Ende nahm man einen kleinen Schluck
aus dem Glas, während im Hintergrund das Wasser gut gelaunt und munter weiterlief, spülte mit diesem winzigen Schluck seinen von Zahnpasta schäumenden Mund aus und tupfte dann mit dem Handtuch das klebrige Weiß aus den Mundwinkeln ... Der Geschmack von Zahnpasta nach diesem lächerlichen Schluck,..., den ganzen Tag, ... furchtbar ... (Black!)

XVII. Szene

(Das Licht geht langsam hoch. Ada und die Fremden sind weg. Die Pfütze leuchtet.)

Andi
Ein See. So groß, so tief, so kühl. „Deine Wimpern, die langen, Deiner Augen dunkele Wasser, lass mich tauchen darein, lass mich zur Tiefe gehn. Manchmal wollen wir stehn am Rande des dunkelen Brunnens, tief in die Stille zu sehn, unsere Liebe zu suchen." – Ada! Ada!

Alwin
Eine Pfütze. Wie sie schimmert. So nah und doch so fern. Wenn man nicht so müde wär. Wenn man nicht so müde wäre, dann wär's nicht weit.

Andi
Auch fürchtet man Strafe, gerechte Strafe. Aber das Fleisch ist schwach ...

Alwin
Das Fleisch! (Es würgt ihn. Stille.)

Andi
Das Wasser. Man kann es riechen. Es duftet wie geschmolzener Schnee. Man kann es riechen. Sein Duft schwängert diesen ganzen Raum. Dabei ist es nichts, nur Wasser. Durchsichtig, unsichtbar fast, aber so leicht, so kalt und still liegt es da. Liegt auf dem Boden wie Festes. Liegt da, als könne man es abziehen wie eine etwas erhabene Cellophanfolie.

Alwin
Man möchte die Zunge weit herausstrecken und auf die Oberfläche geben.
Die Geschmacksknospen der Zungenschleimhaut nur leicht an die Außen-
seite schmiegen ... wie Löschpapier so gierig zögen sich die Schmeckfelder
voll ... wenn man nicht so müde wäre, ... ein Katzensprung ...

Andi
Ja, wenn man nicht so unsagbar müde wäre ... Sie kommen wieder, Ada ist
bei ihnen. Was werden sie mit ihr machen? Der Test, dieser Test, man soll-
te keinen Fehler machen. Man hat gesehen und vor allem gespürt wie sie
handeln ...

Alwin
Macht man keinen Fehler, wenn man nichts macht, nichts tut - wie wir?
Andererseits könnte dies, gerade dies der Fehler sein. Ein klassisches
Dilemma. Man macht falsch, was immer man auch macht. Man müsste et-
was riskieren, vielleicht, anstatt auszuharren ...

Andi
Ja, etwas müsste man vielleicht etwas riskieren. Bloß was ......? (Black!)

XVIII. Szene

(Die Fremden und Ada sind zurück. Die Fremden warten gelangweilt. Ada
geht auf die Knie und leckt das Wasser auf. Die Fremden unterhalten sich.)

Ada
Sie sagen, ihr hättet den Test bestanden. Ihr hättet ihn auch bestanden,
wenn ihr getrunken hättet. Es sei egal. Es sei übrigens alles egal. Es ginge
um die Macht, sagen sie. Und Macht kenne keine Skrupel. Macht sei voll-
kommen unromantisch sagen sie. Macht sei wie Wasser. Klar, kalt, eindeu-
tig. Wasser kenne keine Bedenken, keine Hemmungen, keine Schranken,
flösse überall hin. Fülle Körper, alle Hohlräume, Lunge, Luftröhre, Magen,
Gebärmuttern selbst. Breite sich überall aus, kenne keine Unterschiede,
mache alle und alles gleich. Der Test hätte in euren Köpfen stattgefunden,

sagen sie. Das genüge ihnen. Ihr hättet trinken können! Jetzt allerdings gäbe es nichts mehr. Hättet ihr getrunken, man hätte euch mehr davon gegeben – vielleicht. Es sei, wie gesagt alles egal. Macht bedeute nämlich, ein Spiel zu spielen und, wenn nötig, die Regeln zu ändern, wie böse Kinder. Die Regeln ändere der Mächtige, wenn seine Macht in Gefahr sei. Der Ohnmächtige müsse also ständig auf der Hut sein, um die Regeländerung nicht zu verpassen! Um weiterspielen zu können. Denn der Mächtige brauche einen Spielgefährten, der ständig seine Macht nähre. Die fresse viel, unendlich viel ... Wie gesagt, jetzt, wie gesagt, gäbe es nichts mehr. Das sei jetzt die Regel ...

(Die Fremden stehen auf und tanzen sehr elegant zu einer sehr eigenartigen Musik. Zum Beispiel zu „Solitaire" von The Notwist.)

Alwin
Böse Menschen hätten keine Lieder .....? (Black!)

XIX. Szene

(Die Fremden flüstern sich etwas zu. Sie werfen Andi und Alwin mimische Küsschen zu und blinzeln ihnen zu.)

Ada
(Sie übersetzt. Die Fremden zeichnen sich gestisch Falten in die Gesichter.)
Sie meinen, ihr wärt alt. Ihr hättet Falten tief wie Gräben in den Gesichtern. Das sei interessant für sie, überaus interessant sogar. Das würden sie nicht kennen, höchstens aus Filmen oder von Bildern. Da, von wo sie kämen, gäbe es Menschen mit Falten schon lange nicht mehr. Menschen wie euch. Man brächte sie weg, bereite sie in Kursen auf das Weggehen vor. Der Platz sei ja, wie die Ressourcen, sehr begrenzt. Sie meinen, mit den Alten sei jenes lästige Mitleid gegangen. Es habe seinen Platz in ihren, der Jungen Reihen, rückstandslos geräumt.

Andi
Alt? Wo fängt das an? Fühlt man sich alt?

Alwin
Älter! Nicht mehr jung, taufrisch sicherlich nicht mehr. Aber alt?

(Die Fremden tuscheln und lachen. Die Fremde I nähert sich den beiden. Sie knöpft langsam ihre Bluse auf. Sie lächelt sie an und züngelt obszön. Die Fremden reden miteinander. Die Fremde I nähert sich Andi, bleibt dicht vor ihm stehen.)

Alwin
Man sollte keinen Fehler ... möglichst ... jetzt sollte man keinen Fehler machen. Sollte niemanden kränken oder beleidigen ... oder?
(Die Fremde I zieht ihre Bluse soweit auseinander, dass ihre Brüste zu sehen sind.)

Andi
Was will man uns ...

Alwin
Uns?

Andi
Ich meine, was will man mir ...

Alwin
Man?

Andi
Ich meine, was will sie mir, ..., was will sie damit sagen?
(Sie kommt Andi immer näher. Ihre Brüste sind zum Greifen nahe.)

Alwin
Irgend etwas muss getan werden. Man, ... äh ...sie erwartet offensichtlich etwas. Eine Handlung, eine Tat. Allerdings sollte man keinen Fehler mehr machen..., andererseits, wie gesagt, keine Beleidigung, keine Schroffheit, keine Zurückweisung.
(Sie nimmt Andis Hand und führt sie kurz vor eine ihrer Brüste. Sie lässt seine Hand los und lächelt.)

Andi
Eine Entscheidung wird ... offensichtlich ... verlangt jetzt. Ein Dilemma? Bitte kein Dilemma mehr ... Warten, abwarten. Vielleicht das beste jetzt? Oder?

Alwin
Eine Entscheidung muss getroffen werden, sollte ..., ja, sollte unbedingt.
(Sie lächelt Andi an. Er wartet weiter. Seine Hand beginnt zu zittern. Er
schließt die Augen und umfasst eine ihrer Brüste. Die Fremde I tritt einen
Schritt zurück und schließt ihrer Bluse. Die Fremden sehen sich an, machen
in Richtung der beiden die Geste des Halsabschneidens und lassen ihre
Zungen aus den Mundwinkeln hängen.)

Ada
Sie meinen, da wo sie herkämen, was ja weit weg sei, ... da, von wo sie ge-
kommen seien, gäbe es euch nicht mehr, schon lange, schon ganz, ganz
lange nicht mehr, gäbe es euch dort...

(Die Fremden schütten sich aus vor Lachen.)

XX. Szene

(Die Fremden essen und trinken. Werfen Ada immer wieder einen Brocken
zu. Alwin und Andi sitzen, in Decken gehüllt, auf dem Boden. Black!)

XXI. Szene

Alwin
(Ada ist weg. Wendet sich an die Fremden.) Wo sie denn herkämen? Von
weit? (Die Fremden mustern ihn gleichgültig und reagieren überhaupt
nicht.) Die Sprache ist schön. Hat Klang. Wie Wasser, so klar und so kalt,
wenn es in Kaskaden hinabspringt ... so sachlich, parteilos, ohne
Schnörkel? Von weit ...?

Andi
Sie antworten nicht. Ada ist weg. Ob sie...? Ich meine, ob sie wiederkommt
– jemals? Ob sie verstehen? Ob sie überhaupt interessiert ... ? Ob wir über-
haupt irgend etwas für sie bedeuten? Ob wir vielleicht nicht mehr sind als
eine Spinne an der Wand...? Keine Regung, kein Mitleid, schon gar nicht
Hass! ....

(Die Fremden starren sie lange an. Die Fremde I legt den Zeigefinger auf den Mund und dann die Wange auf die gefalteten Hände und schließt die Augen. Schlafensgeste!)

Alwin
Wir verstehen. Wir sind ohnehin müde ... so unglaublich müde. Komm, süßer Vogel Schlaf ...

Andi
Ja, wir haben verstanden ... Es wird wohl das beste sein ...

(Andi und Alwin wickeln sich in ihre Decken, drehen sich zur Seite und schlafen ein. Licht nur auf die Fremden.)

Fremde I
Hier wird viel nicht übrig bleiben. Zu viele Prothesen und Hilfsmittel. Zu viel Ballast, insgesamt. Zu viel Mitleid. Zu viel Nachsehen. Zu wenig Härte und Klarheit, zu viel Theorie. Lähmung und Entkräftung über allem ... über allen Gipfeln ist Ruh', über allen Wipfeln spürest du kaum einen Hauch... (Lacht leise.)

Fremde II
Zu viel Ermattung. Zu wenig Drangsal. Der Süden? Ungleich zäher. Ungleich vitaler. Der Tod dort geht aus und ein wie ein lieb gewordener Stammkunde, den man mit furchtsamem Respekt begrüßt alle Tage, alle Nächte, zu jeder Zeit ... Hier hingegen scheint man so unermesslich weit weg von allem. Aufgedunsen in Watte gepackt, ... die Äußerungen des Lebens schlagen, wenn überhaupt, nur dumpf und erstickt an die Sinne ... Hier hingegen scheint man nichts zu merken ....., lässt, im Gegenteil, alles mit sich geschehen, nahezu verfallen, süchtig nach Verfall ... (Das Licht über den Fremden, die sich jetzt wieder, als hätten sie nie anders gesprochen, in ihrer Sprache unterhalten, erlischt langsam.)
XXII. Szene
(Die Fremden sind fort. Ada liegt seltsam verrenkt und reglos unter dem Tisch. Auf ihr liegen die Baseballschläger. Andi und Alwin sind bis zum Hals in Decken gehüllt. Leichtes Donnergrollen ist zu hören. Die Tür ist ganz weit geöffnet.)

Andi

Hören im Sommer die Orgel der matten Gewitter, ...

Alwin

Baden in Herbsteslicht am Ufer des blauen Tags, ... (Sie lächeln sich an.)

(Langsam setzt der Regen ein und fällt dann stetig rauschend. Der Regen ist durch die offene Tür zu sehen.)

Alwin

Der Regen, das Wasser. Schön. Schön, dass man die Tür offen gelassen hat. So riecht man den Regen. Riecht, wie er die Luft, diese alte, uralte Luft reinigt, entfleckt, herunterkühlt. Schön ...

Andi

Ja, schön. Wäre man nicht zu müde, man würde hinaustreten, über die Schwelle, ... sich baden lassen vom Himmel, ... mein Gott. Wäre man nicht so unendlich müde von allem, von den Lasten der Zeit, die einen herunterdrücken wie graues, schweres Blei....

Alwin

Der Regen. Wie oft hat man ihn verflucht! Jetzt empfängt man ihn, als würde seine Ausdünstung über eine offene Wunde in den Körper fluten. Der Regen ... Wenn man weg könnte, zurück, weiter zurück als dahin, von wo man gekommen ist .... Aus den dichten Wäldern heraus in dämmrige Dörfer, wo alte Tanzböden stehen aus warmem, dunkelgelbem Holz, ... sich niederlassen mit matten Gliedern, ... schäumende Krüge mit kaltem, bernsteinfarbigem Bier, schön ..., die Nacht senkt sich herab und große bunte Glühbirnen lösen einen behaglichen Raum aus dem Dunkel heraus ...

Andi

Vor langer Zeit – mein Gott wie lang ist das her – habe ich in einem Buch gelesen von einem Mann. Sein Gehirn drückte ein apfelsinengroßer Tumor. Der bewirkte durch diesen gewaltigen Druck, dass dieser Mann riechen konnte so fein und so delikat wie ein Hund. Er war ständig damit beschäftigt, an allem herumzuschnüffeln, jede noch so winzige Nuance eines x-beliebigen Steines zu erriechen. Auf allen Vieren, ... die Nasenlöcher und -flügel an der Oberfläche des Steines entlang reibend, erschloss er sich ein gewaltiges olfaktorisches Universum ...

Nach der Operation war sein Geruchssinn wieder normalisiert. Doch der Mann sehnte sich bis zur Unendlichkeit nach seiner einst hündischen Existenz ... Jetzt, ... erst jetzt, hier ... , ganz am Ende, versteht man ihn.

(Der Chor singt, das Licht verlischt ganz langsam.)

- Ende -

Burkersdorph Ein Mörder

Uraufführung 2009 | Stadttheater Aschaffenburg

HERBERT, 50
MUTTER, ca. 30
TANTE, damals 50

Bühne: ein Bett, ein Nachttisch, eine Flasche, ein Glas; hinten: ein Torso
auf einem Tisch

Vorbemerkungen:

Wenn die Personen „miteinander" sprechen, haben sie nie direkten
Kontakt zueinander, als stünde eine unsichtbare Mauer zwischen ihnen. Sie
schauen sich nicht an.

Musik: Das Burkersdorph-Motiv sind Varianten von La Paloma

(Sehr lange dunkel; Musik: Burkersdorph-Motiv; Torso wird sehr langsam
mittels Lichtdusche aus dem Dunkel herausgeschält; dann wird er un-
geheuer akribisch von den roten Händen an roten Armen „ausgeweidet",
die Organe vor dem Torso akribisch nach einem geheimen Plan platziert;)

HERBERT
Es war still. Furchtbar still. So still, dass man noch das allerfeinste Geräusch
hören konnte in dieser Nacht. Vollmond. Wolkenlos. Die Schuhe trug ich in
der Hand. Ging auf Socken. Machte die Haustür auf. Unendlich langsam.
Nichts zu hören, Gott sei Dank. Ich hatte die Scharniere extra am Tag zuvor
geölt. Plötzlich war da was! ...
Eine schwarze Katze. Huscht aus dem Schatten und streicht um meine Bei-
ne. Sie fängt an zu schnurren. Sie schnurrt so laut! Wie kann eine Katze nur
so laut schnurren?

MUTTER
Ich war zu jung, viel zu jung. Egal. 15. War eine schöne Zeit, vorher. Ich hab
gemacht, was ich wollte. Sie hat mich geschlagen, immer wieder. Hat
nichts genützt. Alle im Dorf waren hinter mir her. Wer mich nicht kriegen
konnte, hat mich beschimpft. Hure! Dorfhure, hieß es. Mit 15 war mein Le-
ben praktisch schon vorbei.

HERBERT
Ich ziehe die Tür ins Schloss. Drücke die Klinke nach oben. Kein Geräusch.

Den Kopf nach hinten. Schau hoch. Die beiden Fenster glänzen. Zwei
schwarze Spiegel. Ich warte auf eine Bewegung dahinter. Einen Schatten.
Nichts.

MUTTER
Wurde immer fetter, wusste gar nicht, warum. Ich wusste es nicht, ich
wusste gar nichts. Keiner hat mir irgendwas erzählt. Ich war glücklich, dass
ich diese ekligen Binden nicht mehr brauchte. Kam mir immer vor wie be-
hindert. Dachte, die Schweinerei wäre jetzt weg, vorbei, ein für allemal.
Dann fing das Kotzen an. Wegmachen kam nicht in Frage. Als er kam, war
ich immer noch 15. Er hat mein Leben kaputt gemacht. Eine Last, tonnen-
schwer.

HERBERT
Ich bin losgerannt. Auf Socken. Bis zum Wirtshaus. Leben klang da heraus.
Schläge auf Tischplatten, Kommentare zum Schafkopfspiel, rohes Geläch-
ter. Im schummrigen Hof saßen drei Gestalten auf einer Bierbank. Zwei
Männer und eine Frau.

MUTTER
Am Anfang hab ich mit ihm angegeben. Die anderen Mädchen waren nei-
disch. Wollten auch so ein Püppchen. So ein Spielzeug. Nahmen ihn mir aus
der Hand, fuhren ihn wie kleine Muttis spazieren. War mir recht. War
lieber mit den Jungs unterwegs. Die hatten immer was zu rauchen, waren
scharf auf mich. Haben sich fast um mich geprügelt. Bin dann mit einem
mitgegangen, dann und wann. Bisschen Abwechslung. Bisschen Spaß. War
alles so langweilig sonst. Zum Sterben langweilig. Die Tante hat sich um ihn
gekümmert, von Anfang an. Groß und stark muss er werden, hat sie immer
gesagt. Hat ihn nicht aus den Augen gelassen. Mir war's recht.

HERBERT
Die Frau gurrte wie eine Taube und lachte leise. Die Männer bedrängten
sie. Sie hat es sich gefallen lassen. Einem hat sie etwas ins Ohr geflüstert.
Der andere fuhr ihr von hinten mit einer Hand unter den Pullover. Sie tat
so, als würde sie ihn dran hindern. Sie stöhnte und wand sich unter seinem
Griff. Mir wurde plötzlich übel. Der Fluchtweg war versperrt. Ich schaute
zurück. Die schwarzen Fensterscheiben starrten mich an wie zwei kantige
Augen

Hinter dem rechten Fenster war plötzlich etwas Weißes, Verwaschenes. Ich wusste, gleich kommt der Befehl. Da blitzte die Taschenlampe hinter der Scheibe auf. Einmal, zweimal, dreimal. Das Verwaschene löste sich auf.

MUTTER
Einmal hab ich ihn stehen lassen im offenen Wagen im Februar. Ging mir auf den Geist, das ewige Getue. Es hat stark geschneit. Wir standen hinter der kleinen, hässlichen Kirche, rauchten und tranken Schnaps gegen die Kälte. Genau das, was ich während der lästigen Schwangerschaft auch gemacht hatte. Als ich nach ihm sah, war er dick eingeschneit. Ich hab mich totgelacht und hab die anderen gerufen. Wo vorher sein Kopf war, war alles voller Schnee. Die andern johlten und klatschten in die Hände. Dann haben wir ihn ausgegraben. Ich bin erschrocken über das grauweiße Gesicht, die dunkelblauen Lippen. Die gefrorenen Tränen, die sahen aus wie kleine graue Perlen.

HERBERT
Ich ging los. Befehl ist Befehl. Das Haus stand vor mir, riesig groß. Bleich und steilgereckt. Die schwarzen Eichen rechts und links. Ihr riesiger Schatten. Der verschluckte mich. Die Haustür stand offen. Sie wartete im Flur. Gab mir eine Ohrfeige. Zog mich an den Haaren die Treppe hinauf. Und dann ....
Herr, erbarme Dich, Christus, erbarme Dich! Herr, erhöre mein Gebet und lass mein Rufen zu Dir kommen! Erhöre mich doch! Bitte! Verdammt noch mal bitte, bitte, bitte! Bitte, erhöre mich doch endlich! Nur ein einziges Mal! Bitte! Lass ein Wunder geschehen! Bitte! Nu dieses eine Mal! Bitte!

MUTTER
Ich schob ihn nach Hause zur Tante. Vorher sind wir ins Wirtshaus. Der musste doch wieder auftauen, so tiefgefroren wie der war. Ich stellte den Wagen in die Küche. Der Wirt gab mir zu essen. Sah mich an mit seinen gierigen Augen. Steckte mir ein paar Mark zu und ein Päckchen Zigaretten. Ich ging mit ihm ins Schlafzimmer. Seine Frau war auf dem Friedhof. Er hat mich gewärmt mit seinem großen, schweren Körper. Musste an meinen Vater denken. Als ich wieder in der Küche war, sah ich in den Wagen. Er schlief. Aus seiner Nase lief dicker, gelber Schleim. Ekelhaft. (Musik: Burkersdorph-Motiv)

TANTE

Ihre Eltern waren – da war sie fünf - in den Wirren nach dem Krieg umge-
kommen. Die Mutter zu Tode geschändet von einer Horde viehischer Rus-
sen. Der Vater erschlagen mit einem Dreschflegel, als er helfen wollte.
Egal. Ich war die einzige Verwandte. ....
(Musik: Burkersdorph-Motiv)
Ich hatte ihn im Krieg verloren. Meine große Liebe. 17 war er. Meine einzi-
ge Liebe. So schön war er, so groß, so stark, so schön. Nicht einmal geküsst
haben wir uns. In die Augen gesehen, tief, so tief, dass mir schwindelig
wurde. Alles hat sich gedreht auf einmal, wie auf dem Kettenkarussell. Er
gab mir die Hand zum Abschied. Diese große, feste, warme Hand. Das war
unsere einzige Berührung. Von der hab ich gezehrt, geträumt. Er kam nicht
wieder, nie mehr. Das hat mich so wütend gemacht. Diese Ungerechtigkeit,
diese schreiende Ungerechtigkeit. Warum ich, warum nicht die andern? Ich
wollte keinen mehr. Keinen. Keinen. Keinen. ...... Hab die Schule abgebro-
chen. Hätte studieren wollen. Bin in die Fabrik und helfe dem Bauern,
wenn das Geld nicht langt. Die Männer im Dorf sind nicht viel besser als
Tiere. Dumpf, dumm, geil, versoffen. Ungewaschene Bauerntölpel. Weil ich
keinen an mich heranließ, wollten sie's mir besorgen, zu Dritt. Hab den
Spaten genommen und zugeschlagen. Seitdem ist Ruhe..................
Und dann war dieses Kind da. Dieser Junge.

HERBERT zur MUTTER (Sie schminkt sich.)

(Heiter.) Du bist vor dem Waschbecken gestanden. Darüber hing der
Spiegel. Du hast dir die Lippen angemalt und leise vor dich hin hinge-
summt. Du hattest ein gelbes Sommerkleid an und hast vor dich hinge-
summt, total versunken. Das Kleid war voller Sonne und Duft. Ich war acht.
Du hast mich nicht wahrgenommen. Als wäre ich nicht da. Als wäre ich ein
Eimer oder irgend ein Möbelstück. Über deinem rechten Schenkel hat noch
das Preisschild gebaumelt. Ich wollte es dir wegmachen, weil es mich ge-
stört hat, weil es das Kleid und deine Schönheit verschandelt hat. Ich hab
gezogen und plötzlich war da ein Riss im Kleid, ein Riss in deinem neuen
gelben Sommerkleid. Du hast mir sofort mit der Hand ins Gesicht ge-
schlagen. Die Nase fing an zu bluten. Es hat mir nicht weh getan, nein. Ich
hätte mir gewünscht, du hättest mich noch einmal geschlagen und noch
einmal. Es hat mir nur weh getan, dass du mich nicht angeschaut hast beim
Schlagen. Du hast mich nicht angeschaut und du hast kein Wort gesagt,
kein Wort. Warum hast du mich nicht wenigstens angeschaut? Am nächs-
ten Tag warst du weg. Für immer. ..... Wo bist du?

TANTE

Er ist zurückgekommen. Wie ein Hündchen. Feigling. Was will der denn in der Welt, wenn er grade mal bis zum Wirtshaus kommt? Was hab ich ihm denn getan? Wen geht das überhaupt etwas an? Wen? Solln sich um ihren eigenen Kram kümmern.

... (Erinnert sich.) Zum Abschied hat er mir die Hand gegeben. Diese Berührung. Wie ein Stromschlag hat sie mich getroffen ... durch und durch ... Am nächsten Tag stand Arbeit an. Es war Sommer, August, die Glut der Hitze wie eine Peitsche, kein Windhauch zur Linderung. Der Bauer brauchte ihn. Heuernte. In kurzen Hosen, mit nacktem Oberkörper oben auf dem Heuwagen, mutterseelenallein unter der dröhnenden Sonne. Der Bauer vorne auf dem Bock, die schweren Ochsen dirigierend, halb dösend, den verglommenen Stumpen im Mundwinkel. Groß war er geworden, wie er da auf dem Wagen stand. Muskeln überall. Überall warme braune Haut ...

HERBERT

Die Tante und der Schlesier, der Nachbar, liefen neben dem Wagen her. Mit Heugabeln in den Händen. Die Fingernägel rissig, mit schwarzen Trauerrändern. Die schwieligen Hände hatten die glatten Stiele fest im Griff. Wenn die Gabelspitzen in die Heubündel stießen, gab es dieses trockene Knirschen. Dann das Hochwuchten über die Köpfe. Die Tante hatte Kraft, aber ich war stärker. Ich war stärker..Dann fielen die Heuwolken auf mich nieder, die Gabelzinken schlugen aufeinander über mir. Das klirrte und krachte. Hab mich geduckt, automatisch, und fing an zu stampfen. Da musste doch so viel Heu wie möglich auf den Wagen, soviel, dass ihn die Ochsen kaum noch ziehen konnten. Bevor ich fertig war, kam schon die nächste Ladung. Und noch eine, und noch eine. Und immer wieder. Der Oberkörper juckte, der Schweiß rann in die unzähligen Kratzer, die die Halme gerissen hatten. Das gleiche an den Oberschenkeln. Die Füße in den Gummistiefeln, die schwammen in stinkendem Schweiß. Das ging den Tag lang bis zum Abend.

TANTE

Am Abend lud der Bauer ins Wirtshaus zum Essen ein. Es war eine Freude, den Jungen essen zu sehen, diese Gier, dieses Zupacken und Verschlingen: die sonnengebleichten Haare, das rotglühende Gesicht, die fettglänzenden Lippen, das feste Kinn, mit den ersten blonden Stoppeln, die straffe leuchtende Haut. Die spannte sich über die Schlüsselbeine, so als würde sie gleich reißen.

HERBERT

Mittags kam die Bäuerin und brachte Milch und kühlen Quark, Schnittlauchstücken schwammen darin, grün wie Schlangengift. Dunkles Brot mit großen Poren und schwarzverbrannter Kruste. Im Schatten einer Eiche, die Tante mit einem Schnurrbart aus Milch im braunen Gesicht. Ihre große Zunge kam zwischen den schmalen Lippen heraus und fuhr über die Oberlippe. Schnell, hektisch, geschäftig. Die Augen überall. Sah aus wie eine Eidechse. Der Schweiß rann ihr den Hals hinunter. Sie hatte die obersten Knöpfe ihrer Kittelschürze wegen der Hitze geöffnet. Die Flüssigkeit versickerte zwischen ihren Brüsten.

Da musste ich immer hinsehen. Das schmutzige Braun ihres Halses und dieses käsige Weiß ihrer Brüste. Darüber war die Haut frisch von der Sonne verbrannt. Wie entzündet schimmerte sie. Und darunter dieses kranke Weiß der Brüste, die dunkelblauen Adern unter der dünnen Haut ... wie kleine Schlangen. Da musste ich immer hinsehen. (Musik: Burkersdorph-Motiv)

TANTE

Der Oberkörper. Das sonnendunkle Braun unter dem strahlend weißen Hemd. Das hatte er bis zum Brustbein aufgeknöpft. Wie der gegessen hat, der Junge! ... Ein feiner Schweißfilm schimmerte auf der glatten Haut. ... Das viele Bier, die Schnäpse. Wir gingen dann nach Hause. Ich hakte mich bei ihm unter. Was soll passiert sein? ... Wen geht das was an?... Ich wollte keinen mehr. Keinen. Keinen mehr.

HERBERT

Seit ich denken kann, schlief ich neben ihr. Mir war schlecht an diesem Abend. Unterwegs hab ich, glaub ich, gebrochen. Sie zog mir das Hemd über den Kopf zu Hause, fuhr mir mit dem nassen Waschlappen über das Gesicht. Sie hatte es eilig, ...Das brannte. .... Dann ..., dann ...

Viel später in der Nacht wachte ich auf. Ich hatte einen fürchterlichen Geschmack im Mund. Sie hatte sich aufgedeckt. Ihre schlaffen Brüste leuchteten im Vollmondschein. Die schrumpligen, eingefallenen Warzen - schwarz wie Kohlen. Ich schloss die Augen, dämmerte ein. Sah mich mit der blitzenden Gabel hinter dem eingefallenen Schuppen neben dem Stallgebäude. Die grau gestromte Katze stand da mit hohem Buckel und gesträubtem Fell. Ich hatte sie in die Ecke zwischen Schuppen und Stall gedrängt. Sie fauchte und knurrte und jaulte. Zeigte ihre Zähne. Die nach innen gebogene Zunge, mit den starren, weißen Stacheln darauf. Die Ohren hatte sie ganz dicht angelegt und haute wie ein angeschlagener Boxer immer

wieder nach den Zinken... Ganz friedlich lag sie auf einmal da. Als würde sie schlafen. Es war kein bisschen Blut zu sehen ... Komisch. Kein einziger Tropfen.....
(Musik: Burkersdorph-Motiv)

MUTTER
Du wolltest immer mein Hündchen sein. Lass mich dein Hündchen sein, hast du immer gefleht. Und was du immer alles wissen wolltest. Ständig hast du mich gefragt, hast mir irgendwelche verrückten Geschichten erzählt. Eine Fantasie, fürchterlich ... Vor all den Leuten. Peinlich, verdammt peinlich war das manchmal!

HERBERT
Ja, ich wollte dein Hündchen sein. Dass du mich ... streichelst, mir einen Klaps gibst und mich ... schlägst. Weißt du noch, mit dem Fahrrad? (Schnell.) Ich will nicht mehr bei der Tante schlafen!

MUTTER
Quatsch!

HERBERT
Bitte!

MUTTER
Quatsch! Genau wie der Quatsch mit deinem Vater!

HERBERT
(Nach einer langen Pause.) Ja, beides Quatsch! Du hast gesagt, da war ich noch ganz klein, wenn ich dich noch einmal nach meinem Vater frage, schlägst du mich tot. Ich hab kein einziges Mal mehr gefragt, stimmt's? Nicht ein einziges Mal, stimmt's?
Weißt du noch, mit dem Fahrrad?

MUTTER
(lacht) Du wolltest dich nie auf den Gepäckträger setzen. Hast einen Strick angebunden ans Fahrrad, dich dran festgehalten und bist mir dann wie ein ... Hündchen hinterher gelaufen.

HERBERT
Wir sind nach Burkersdorph gefahren, das heißt ich bin gelaufen. Ich war sechs. Ich bin gern gelaufen, hinter dir her. Wenn ich groß bin, hab ich gesagt, wenn ich groß bin, dann kauf ich ein Moped, so ein Moped, wie auf der Karte in der Schule. Rot-weiß ist es. Es hat eine hellblaue Sitzbank, und du sitzt hintendrauf und schlingst deine Arme um mich herum, dann kannst du nicht runterfallen, wenn ich aufdrehe So richtig aufdrehe ....Der Wind ist in deine Bluse gefahren und hat sie hinten an deinem Rücken aufgebläht wie ein Segel. Darüber wehten deine schwarzen Haare, Schneewittchen. Manchmal bist du absichtlich ...

MUTTER
... ja, manchmal bin ich absichtlich schneller gefahren. Wenn ich von weitem Leute gesehen habe, bin ich schneller gefahren. Meinst du, ein Sechsjähriger, der bellend an einem Strick hinter einem Fahrrad herläuft, war normal. Einmal hast du ...

HERBERT
... ja, einmal hab ich nicht losgelassen. Ich dachte auf einmal, du fährst für immer weg und kommst nie mehr zurück. Ich hatte mir den Strick um die Hand gewickelt und bin hingefallen. Es ging bergab und du hast mich noch ein Stück hinterhergeschleift. Dann ist der Strick gerissen. Die Knie und Ellenbogen waren blutig und verdreckt, aber ich bin sofort aufgestanden und weitergelaufen. Ich hatte plötzlich furchtbare Angst, dass du weg bist ... für immer.

MUTTER
Quatsch! Ich hab hinter der nächsten Kurve auf dich gewartet, auf einer Bank. Als ich dich dann sah, musste ich lachen. Wie du ausgesehen hast. Diese tierische Angst in den Augen, das Blut, der Dreck, das zerrissene Hemd ... und dann, dann kamen Leute vorbei und du hast dich vor mich hingekniet, auf deine Knie, die rot waren vor Blut und schwarz vor Dreck und hast gefiept wie ein junger Hund, hast dich an meine Beine geklammert ... und hast gefiept und gejault ... und die Leute liefen vorbei. In dem Moment hätte ich dich am liebsten ...

HERBERT (Er nickt.)
Es war das einzige Mal, dass wir Eis essen waren, in Burkersdorph, im Café, auf der Terrasse. Und ich war so froh, dass du noch da warst. Ich hatte tat-

sächlich geglaubt, du ...
Zuhause hab ich mir mein Eis dann immer selber gemacht. Weißt du wie?
Ich hab einen Negerkuss abgeschält, die Schokoladenhaut weggemacht,
dann hatte ich mein Vanille-Eis ...

MUTTER
(lacht) Spinner! Diese verrückten Ideen immer.

HERBERT
Wo warst du mit dem Mann, der mir den großen Eisbecher spendiert hat.
Fünf Kugeln, Erdbeere, Schokolade und dreimal Vanille. Eine halbe Stunde
hab ich dran gegessen.

MUTTER
Welchen Mann meinst du? War da ein Mann? Kann mich nicht erinnern.

HERBERT
Du hast dein Eis gegessen aus der Tüte und der Mann hat zu mir gesagt:
„Donnerwetter, deine Mutter kann aber gut lecken." Du hast gelacht und
gesagt: „Gelernt ist eben gelernt." Dann hat er mir den Eisbecher gebracht
und ist mit dir weggegangen. Da war die Angst wieder da, aber das Eis war
so gut und ich wollte möglichst lange etwas davon haben. Am Schluss war
es eine Eissuppe. Die hab ich ganz langsam ausgelöffelt. Da ist mir der Be-
cher umgekippt und die Eissuppe ist mir über die Knie gelaufen. Hat sich
mit dem Blut und dem Dreck vermischt. Sah aus wie ein Flussdelta. Als du
mit dem Mann zurückgekommen bist, hat er dir eine Tasse Kaffee und ein
Stück Torte hingestellt und ist gegangen. Ich war eifersüchtig ... Wie du ihm
nachgeschaut hast!

MUTTER
Kann mich nicht erinnern. Mann? Welcher Mann? Es gibt viele Männer auf
dieser Welt. ..... Was hast du im Stall gemacht, als wir wieder zurück wa-
ren? (Sie verschwindet.)

HERBERT
Du bist mir wieder davongefahren und hast gelacht. Du warst glücklich.
Wegen dem Mann und dem Kaffee und der Torte. Als ich nach Hause kam,
war es schon dämmerig. ...... Ich suchte mir einen großen Stein und ging in

den Schweinestall. Eines der Ferkel kam auf mich zu, zutraulich. Hat gegrunzt, und sah mich an mit seinen milchigen Augen. Die waren unter den langen, verfilzten Wimpern kaum zu erkennen. .... Ich holte aus und schlug ihm den Stein auf den Kopf. Es kippte zur Seite weg und quiekte leise, die Klauen ruderten lange in der Luft. Dann lag es still. ....
Das Hündchen und das Schweinchen ..... (Musik: Burkersdorph-Motiv)

TANTE
In der Schule, einer einklassigen Dorfschule, sitzt er ganz hinten. Rechts vorne, vom Lehrerpult aus die vier Erstklässler, dazwischen die anderen Klassen. Dreiunddreißig Schüler insgesamt. Der Lehrer muss alle unterrichten. Gleichzeitig. Herbert und die drei anderen Achtklässler sitzen ganz hinten links. Sie schreiben aus dem Lesebuch ab, rechnen mit dem Rechenschieber, zeichnen die Europakarte aus dem Atlas nach und malen sie dann bunt aus. Viel gelernt haben sie nicht.

HERBERT
Ich hab mich dumm gestellt. Wollte möglichst lange in der Schule bleiben. Hatte Angst, dass die Mutter weggeht, wenn ich irgendwo auf der Arbeit bin. Nachmittags oder nachts. Einige Männer im Dorf arbeiten Schicht. Dass sie nachts, im Schutz der Dunkelheit, fortgeht und nicht mehr, nie mehr wieder kommt.
Der Lehrer war ein gütiger Mann, ledig. Konnte aber auch streng sein, wenn's sein musste. Hatte immer diesen grauen Anzug an. Hellblaues Hemd, keine Krawatte. Die Jacke war abgewetzt und viel zu eng. Vorne war sie immer weiß von der Kreide. Nach dem Unterricht hat er mir die Jacke gegeben, und ich hab die Kreideflecke rausgebürstet. Die Bürste hatte ich von zu Hause mitgebracht. Er hat mir über den Kopf gestrichen, jedes Mal. Ich hab' mir immer gewünscht, ... er , wie blödsinnig von mir, ...er wär mein Vater. Hab darum gebetet. Einmal wollte ich ihm alles erzählen, wusste aber nicht, wie ich anfangen sollte. Er hat mich ganz verwundert angeschaut. Ich hab' rumgestammelt. Zu Hause hab ich mich dann fürchterlich geschämt dafür. Mein Gott, er war mein Lehrer. Wenn er erzählt hat, da tauchte alles vor einem auf: der Krieg, die Steinzeitmenschen, die Dampfmaschine.
Am liebsten war ich im Lehrmittelzimmer. Die dicke Schlange im Glaszylinder, in der Flüssigkeit. Der fehlten eine Menge Schuppen, die schwebten in der gelben Suppe oder lagen auf dem Glasboden. Der riesige Reliefglobus

mit diesen braunroten Hochgebirgsfalten, sahen aus wie Gedärm. Das Moped auf der Schautafel. Rot-weiß, mit der blauen Sitzbank. Da stand genau dabei, was an so einem Moped dran sein musste. Und dann war da dieser ... Torso. Komischer Name dachte ich damals. Als ich ihn zum ersten Mal gesehen habe, bin ich zu Tode erschrocken, aber dann war ich fasziniert von diesem ... Ding. Sah ihn zuerst von hinten. Die Haut schimmerte wie Elfenbein, das Rückgrat hat sich wie ein dunkles Tal zu den festen Pobacken runtergezogen. Die Vorderseite war aufgebrochen und man konnte alle Organe sehen. Wie ein geschlachtetes, geöffnetes Tier. Die Organe, braun, rot, ... die ockerfarbenen Geschwülste der Därme. Den Blinddarm, den man aufklappen konnte, hatte ich abmontiert und im Rattenschuppen versteckt. Wenn Zeit war, schlich in das Zimmer, um den Torso auszuweiden. Nahm Herz, Nieren, Leber, Lungen, Gedärm heraus wie ein Schlachter oder ein Chirurg. .... Es erregte mich maßlos, wenn ich mir vorstellte, was ich mit der ungeheuerlichen Figur anstellen könnte, wenn sie, statt der Tante, ... nachts im Bett neben mir ..... (Musik: Burkersdorph-Motiv)

(Nachts. HERBERT liegt im Bett und schläft. Die TANTE kommt herein. Sie schwankt leicht. Mit dem Rücken zum Publikum öffnet sie ihre Kittelschürze. HERBERT erwacht und verkriecht sich unter der Decke. Er fiept.)

HERBERT
Ich bin ganz früh aufgewacht. Hab den Kopf zur Seite gedreht. Die Tante war weg, im Stall beim Melken. Ich schlüpfte aus dem Bett, zog mich an, rieb mir den Schlaf aus den Augen. Im Spiegel über dem Waschbecken in der Küche sah ich mein rot verbranntes Gesicht. Ich hielt die Hände unter den Wasserstrahl und fuhr mir durch die Haare. Mein Gesicht schmerzte. Creme gab es nicht. Das kalte Wasser tat gut.
Ich bin schnell über den Hof, hatte was zu erledigen. Im Stall schrieen die Kühe, die Euter waren geschwollen. Der Bauer war wieder einmal im Wirtshaus versackt, gestern Nacht. Ich bin in den Rattenschuppen, hab die Tür hinter mir zugemacht. Ich hab kaum Luft bekommen. Das Schuppenholz war sonnentrocken und roch zum Ersticken nach alten Büchern. Ich nahm den Heuballen weg. Der Staub tanzte in den Sonnenstrahlen, die durch die Bretterritzen in den Schuppen fielen. Ich zog den Zinkeimer heraus und bog den Hasendraht über der Öffnung zur Seite. Dann nahm ich die Maus aus meiner Hosentasche und warf sie rein. Den Draht bog ich wieder zu. Ich kippte den Eimer zur Seite, und da stachen die Sonnenstrahlen hinein

wie Scheinwerfer. Die Ratte hatte die Maus schon gepackt. Sie zappelte noch und fiepte leise. Kleine, runde Blutstropfen blinkten auf dem Rattenfell. Die Ratte ließ die Maus los. Sie fiel neben zwei andere Mäuse und zuckte ein paar Mal. Eine lag starr da, die zweite war halb aufgefressen.

Die Ratte fixierte mich. Ihre schwarzen Knopfaugen glänzten. Die rostige Sense, die über mir an der Decke hing, spiegelte sich in den Rattenaugen. Ich sammelte Spucke, bis meine Backen dick waren. Dabei ließ ich die Ratte nicht aus den Augen. Hab sie hypnotisiert. Sie zitterte. Die gelben Nagezähne unter dem rosafarbenen Schnäuzchen. Langsam ließ ich den Speichelstrom auf die Ratte fließen. Verfolgte sie auf ihrer Flucht mit kleinen Kopfbewegungen. Sie drehte sich wie irr im Kreis. Dann begann sie sich panisch abzulecken. Das war lustig, ich musste lachen .... Dann ......, dann war auf einmal die Tante da.

TANTE
(Sie lächelt.) Was machst du hier? Was hast du hier zu suchen? Ich hab alles gesehen. Ich werd's keinem erzählen. Keine Angst. Komm mit. Komm mit mir, mein Kleiner. Gib mir deine Hand. Sie ist warm. Drück fester zu. Ja! (Sie schließt die Augen.) Diese große, feste, warme Hand. Das war unsere einzige Berührung. Von der hab ich gezehrt und geträumt und geträumt. Ich träume immer von ihr. Er kam nicht wieder, nie mehr. Das hat mich so wütend gemacht. Diese Ungerechtigkeit, diese schreiende Ungerechtigkeit. Warum ich, warum nicht die andern? Ich wollte keinen mehr.

HERBERT(Kniet vor dem Kruzifix.)
Herr, erbarme Dich, Christus, erbarme Dich! Herr, erhöre mein Gebet und lass mein Rufen zu Dir kommen! Herr, erbarme Dich, Christus, erbarme Dich! Erbarme Dich.

TANTE
Komm! Komm mit mir. Dann gibt's auch was Gutes zu essen. Damit du groß und stark wirst. Komm! Ich werde keinem erzählen, was du gemacht hast. Keinem! (Musik: Burkersdorph-Motiv)

HERBERT (Er hantiert mit den Organen. Eher nebenbei, unbewusst.)
Ich hab mir ausgemalt, wie es sein würde, wenn sie stirbt. Wie es sein würde, wenn das Leben langsam aus ihr herausfließt. Die harten Augen müder und nachgiebiger werden und so etwas wie..., ja wie ... dankbare Angst, so

etwas wie eine willkommene Ratlosigkeit in ihrem Gesicht wären. Wie sie aufgibt, endlich, ein einziges Mal, endlich aufgibt. Wie ihr Blick ungläubig aber bereitwillig bricht, der Körper sich entspannt und sie daliegt und ... schimmert. Wie die ganze Gestalt leuchtet und glänzt. Und überall ist Licht. Und ihre ganze Gestalt ist Licht. Sonnengelbes, warmes Licht.(Überrascht über diesen plötzlichen Einfall.)

Wie das Kleid meiner Mutter. Ich stellte mir vor, wie sie auf dem Fahrrad fährt und der Wind ihr sonnengelbes Kleid im Rücken aufbauscht und ihr schwarzes Schneewittchenhaar weht wie ein luftiger Schleier im Wind. In seinem Schatten ich, das Hündchen, die Leine, die am Gepäckträger einge-hakt ist, um den Hals. Und ich lauf ihr hinterher, stundenlang, tagelang, ein ganzes Leben lang, ein ganzes Leben ...

(Musik: La-Paloma-Motiv. HERBERT umarmt den Torso und küsst ihn heftig auf den Mund)

TANTE

Der einzige ist der Schlesier. Ein aufrechter Mann. Hat ein kleines Zimmer unter dem Dach. Der lässt mich in Ruhe. Hat Ehrfurcht vor Frauen. Angst fast. Er war im Krieg schwer am Kopf verletzt worden. Über der linken Schläfe hatte man ihm eine Metallplatte eingesetzt. Darunter ein münz-großer Splitter, der seinem Gehirn ab und zu die seltsamsten Befehle er-teilt. Er bekommt Wutanfälle, kurze, heftige. Dann sackt er in sich zu-sammen und schläft ein.

HERBERT

Ein bärenstarker Mann, 44, und Frührentner. Drehte ab und zu mal durch. Einmal, er hatte den ganzen Tag in der sengenden Sonne Heu gemacht, wurde er plötzlich ganz starr, wie ein Denkmal, die Gabel in den Händen. Fing an zu zittern, das Blut schoss ihm in den Kopf. An den Schläfen die Adern dunkelblau und dick wie Blutegel. Dann waren die Lippen voller Schaum. Weiß. Der Speichel lief ihm übers Kinn auf die Brust. Er war im-mer noch starr. Die Augen wurden größer und größer. Als wollten sie ihm aus den Höhlen springen. Wie ein Riese stand er da unter dem runden blauen Himmel. Die Sonne kochte.

Der Bauer, die Tante und ich sprangen auf den Heuwagen. Wir wussten, was kommen würde. Auf einmal brüllte der Schlesier und hieb mit der Ga-bel auf das eisenbeschlagene Wagenrad ein. Immer und immer wieder, Metall auf Metall. Funken sprühten, die Zinken brachen und sausten wie Geschosse durch die Luft. Eine Spitze traf ihn an der Stirn, das Blut lief ihm

in die Augen, übers Gesicht. Er schlug weiter. Bis der Holzstiel brach. (Jetzt spielt Herbert das, was er sagt.) Dann ging er in die Knie, stürzte vornüber auf die zerschundene Stirn, bebte und zappelte, fiel auf die Seite - drehte sich auf den Rücken zuletzt. Der Stoff um den Hosenschlitz war aufgerichtet wie ein Zelt. (Er zieht den Hosenschlitz hoch.) Der Mund verzerrte sich zu einem schiefen Grinsen, blutiger Speichel floss heraus. Das Zelt begann zu zucken und der Stoff wurde dunkler und dunkler. Dann sank das Zelt langsam nieder und der Schlesier schloss die Augen. Ein Schauspiel..........
(Musik: Burkersdorph-Motiv)

TANTE
(Nachts. Sie hat eine Schnapsflasche und ein Glas in den Händen.) Hier, trink! Das beruhigt. Komm!

HERBERT
Ich will nicht!

TANTE
Komm mein Junge, komm schon. Nur einen kleinen Schluck. Na los. Ich werde keinem erzählen, was du gemacht hast. Was wir gemacht haben.

HERBERT
Ich will, ... ich kann nicht. Bitte!

TANTE
(Sie gießt das Glas halbvoll, drückt ihn auf das Bett und flößt ihm den Schnaps ein.)
Brav. Na siehst du, es geht doch. Komm, leg dich hin und schlaf. Keine Angst, die böse Tante tut dir nicht weh! (Sie zieht ihm das Hemd über den Kopf.)

HERBERT (Kniet.)
Gegrüßet seist du Maria, voll der Gnade, der Herr ist mit Dir. Du bist gebenedeit unter den Weibern, und gebenedeit ist die Frucht deines Leibes, Jesus.. Heilige Maria, Mutter Gottes, bitte für uns Sünder jetzt und in der Stunde unseres Todes. Jetzt und in der Stunde unseres Todes. Jetzt, jetzt! ... Amen

MUTTER

Als er acht war, bin ich weg, in die Stadt. Mit Harry, der war Musiker. Der hat das Leben so leicht genommen wie ich. Der Junge war versorgt. Die Tante hat sich um ihn gekümmert. Sie war streng zu ihm. Das hat ihm gefallen, bin ich mir sicher. Wenn sie ihn manchmal in den Arm nahm, nach dem Wirtshaus, hatte er, glaube ich, Angst vor ihr. Komisch. Ich war schon lange ausgezogen. Sie war zufrieden, dass sie mich los war. Konnte es gar nicht erwarten, dass ich abhaute. Hab in Burkersdorph gelebt, bei Harry. Hab sie manchmal besucht. Er hat bei ihr im Bett geschlafen. War wenig Platz. Neben ihr im Ehebett, wo sie doch nie verheiratet war. Die Männer im Dorf hatten, ... ja, sie hatten richtig Angst vor ihr. Mein kleiner Mann, hat sie manchmal gesagt, mein kleiner Mann muss groß und stark werden. An dem Tag, wo ich weg bin, ...

(Zu Herbert.)... ich hatte dir nichts davon gesagt, mein Gott, du wärst mir hinterher gelaufen bis ans Ende der Welt. An dem Tag hab ich mein neues Kleid anprobiert. Hat Harry mir geschenkt, hat er mir ausgesucht. Eine Musikerbraut muss chic aussehen, hat er gesagt. Ein gelbes Sommerkleid! Du hat es mir zerrissen. Ich hab dir eine gescheuert. Du hast geblutet. Ich konnte dich nicht ansehen. Diesen Hundeblick und die Augen. Diese Augen .... wie graues Eis. Ich bin dann weg. Als Harry den Riss im Kleid gesehen hat, hat er mich auf die Nase geboxt. Zu Recht. Das schöne Kleid. ....

HERBERT

Am liebsten war ich im Wald. Am Dorfweiher vorbei, an den Eiskellern entlang. In einen der Keller habe ich mal einen jungen Fuchs, ... den hatte ich gefangen, eingesperrt. Ein Experiment. Nach zwei Wochen sah ich nach. Als ich die schwere Tür aufmachte, hing er daran. Er hatte sich ins Holz verbissen. In seinen Augen bewegten sich Maden. Er hat gestunken.
Am liebsten war ich am Bach. Hab mich mit mir selbst unterhalten. Hab mir vorgestellt, ich bin Tarzan, aber unendlich viel kleiner. So groß wie Goldhamster vielleicht. Da wurde der Bach auf einmal riesengroß, die Pflanzen und Farne am Ufer zu mächtigen Bäumen. Der Stein, um den das klare Wasser sich kräuselte, zu einem gewaltigen Felsen. Und ich stellte mir vor, wie ich von diesem Felsen in die Tiefe des Urwaldflusses sprang. Stundenlang spielte ich dieses Spiel. Am liebsten aber rettete ich meine Mutter, nahm sie in den linken Arm, mit dem rechten packte ich eine Liane, und schwang mit ihr über den Fluss in den Gipfel eines Riesenfarns, wo unser

Baumhaus war. Und am Ende, jedes Mal am Ende schwammen wir den Urwaldfluss hinunter bis zum Meer, und immer weiter und weiter und weiter ....
Einmal war ich vollkommen in mein Spiel versunken. Ganz weit weg von der Welt. Hab ganz laut geredet wahrscheinlich Da stand plötzlich der Lehrer vor mir. Er sah mich verwundert an und hat den Kopf geschüttelt die ganze Zeit. Ich dachte, er hätte bemerkt, dass ich den Blinddarm gestohlen hatte. Ich sagte, ich würde ihn morgen wieder zurückbringen. Das würde ich schwören, bei meiner Mutter würde ich das schwören. Er sah aus, als wüsste er überhaupt nicht, wovon ich rede. Ich kniete mich vor ihn hin. Er lächelte und strich mir übers Haar wie er das immer machte, wenn ich seine Jacke ausgebürstet hatte. Ich wollte ihn doch nicht verlieren. Mit dem linken Arm klammerte ich mich um seine Beine und presste meinen Kopf dagegen. Mit der rechten Hand knöpfte ich mein Hemd auf und zog es mir über den Kopf. ....Ich sagte ihm, er könnte jetzt alles mit mir machen. Aber er stieß mich weg und ging. Drehte sich ein paar Mal um und schüttelte den Kopf ....
Am nächsten Tag in der Schule konnte ich ihm nicht in die Augen sehen. Es ging nicht.

TANTE
Ich kam früher nach Hause. Der Bauer war wieder mal im Wirtshaus versackt.Er hat mir zwei Bier und einen Schnaps ausgegeben Die Ernte war ihm an diesem Nachmittag egal. Hätte das Geld brauchen können. Die zehn Mark. Mein Gott, was der Junge isst! Die Haare vom Kopf und mehr. Ich hörte Geräusche aus dem Schlafzimmer. Die Tür war angelehnt. Der Junge lag auf seiner Seite im Bett.

HERBERT
Ich konnte ihm nicht in die Augen sehen. Am Nachmittag schlich ich mich zur Schule. Die Tante war nicht zu Hause, sie wollte dem Bauern bei der Kartoffelernte helfen. Ich hatte den Blinddarm dabei. Ich drückte ein angelehntes Kellerfenster auf und sprang in das Dunkel. Als ich vor dem Torso stand, überkam mich auf einmal eine furchtbare Scham und gleichzeitig eine brennende Sehnsucht. Ich hakte den Blinddarm in die Öse ein und drückte ihn fest. Dann umarmte ich den Torso, ließ meine Hände an seinem Rücken entlang gleiten bis zu ganz hinunter. Ich stellte mir vor, er wäre meine Mutter, mein Lehrer und die Frau im Korsett, die ich aus dem Quelle-Katalog herausgerissen hatte, zugleich. Ich umarmte ihn etwa fünf

Minuten. Ich nahm die Organe heraus, legte sie in meiner geheimen Ordnung auf den Tisch und steckte meinen Kopf in die Bauchhöhle. Da hab ich, da hab ich das Licht gesehen. Ich war so glücklich wie damals, als ich mit meiner Mutter in Burkersdorph war.

Dann entschloss ich mich, ihn mitzunehmen. Endgültig. Im Keller fand ich einen alten Kartoffelsack. Da steckte ich ihn rein und rannte durch den Wald an den Eiskellern vorbei nach Hause.

TANTE (Jetzt reden die beiden miteinander und schauen sich dabei auch an. Unter der Zudecke liegt der ausgeweidete Torso. Die Organe liegen auf dem Tisch.)
Hallo, mein kleiner Mann. Um diese Zeit schon im Bett? Bist du müde? Soll ich mich zu dir legen? Ein bisschen streicheln? Einen Klaps?

HERBERT
Da liegt doch schon jemand. Auf deiner Seite liegt doch schon jemand! Siehst du das nicht? (ängstlich) Du riechst nach Bier und nach Rauch. ....

TANTE
Was ist das? Was liegt da?

HERBERT
Warum ist meine Mutter weggegangen? Sag's mir, bitte! Ich hab doch alles gemacht, was sie von mir verlangt hat. Sie hat alles mit mir machen können, alles.

TANTE (Kommt ihm sehr nahe.)
Alles? Wirklich alles? Komm her, komm her zu deiner alten Tante. (Sie fasst ihn ins Haar und beginnt, ihn zu streicheln.)

HERBERT
Ich geh übrigens nicht mehr in die Schule. Ich geh nicht mehr hin! Der Lehrer hat mich heute nicht angesehen. Kein einziges Mal. (Sie küsst ihn aufs Haar.)

TANTE (Anzüglich.)
Kein einziges Mal? Ist das so schlimm? Bei dem lernst du doch sowieso nichts!

HERBERT

Er hat mich nicht angesehen, weil .... weil ich den Blinddarm weggenommen habe. Aber ich musste ihn einfach haben. Ich hätte den Blinddarm nicht wegnehmen dürfen.

TANTE
Soll ich dir mal meinen Blinddarm zeigen, der ist viel schöner als der von deinem Lehrer. (Sie nimmt seine Hand und führt sie unter ihre Kittelschürze.) Und jetzt zeig mir, was du da hast. (Sie zieht die Decke weg und erschrickt fürchterlich.)

HERBERT
Der bleibt jetzt da liegen. Der bleibt liegen. Du kannst woanders schlafen. Die Wohnung ist viel zu klein, viel zu eng, sonst wäre meine Mutter vielleicht da geblieben, und dann hätte sie neben mir schlafen können. Aber du nicht mehr, bitte, bitte, nicht mehr, ja?

TANTE
Soll ich dir sagen, warum deine Mutter abgehauen ist, das Flittchen? Soll ich's dir wirklich sagen?

HERBERT
Nein!

TANTE
Ich werd's dir aber sagen, kleiner Mann!

HERBERT
Nein! Nein! Nein!

TANTE
Gut, aber nimm das Ding weg!

HERBERT
Nein!

TANTE (Kreischt.)
Du sollst das gottverdammte Ding da wegnehmen, hab ich gesagt! Nimm dieses furchtbare Ding da weg aus meinem Bett!
HERBERT

Nein!

TANTE

So jetzt sag ich dir, weshalb sie weg ist, deine Mutter, die schöne Dorfsch-lampe. ..... Weil du ihr das Kleid zerrissen hast, du dummer Tollpatsch! Ihr neues gelbes Sommerkleid mit deinen kleinen schmuddligen Fingern. Du warst schuld, dass sie gegangen ist. Jetzt weißt du's! Du warst das!

HERBERT

Nein! (Er packt sie mit beiden Händen am Kopf und drückt sie ihn in die Bauchhöhle des Torso, in dem ein kleines Kissen steckt.) Komm. Es ist schön hier. (Sie zuckt und zappelt.) Bleib doch. Bleib doch. Es ist schön, glaub mir. Siehst du das Licht? Kannst du das Licht schon sehen? Nur noch ein bisschen, nur noch ein kleines bisschen. (Beruhigend.) Gleich, gleich, gleich! (Sie bewegt sich nicht mehr.)
Vater unser, der Du bist im Himmel. Geheiligt werde Dein Name. Zu uns komme Dein Reich. Dein Wille geschehe wie im Himmel also auch auf Er-den. Unser tägliches Brot gib uns heute. Und vergib uns unsere Schuld, wie auch wir vergeben unseren Schuldigern. Und führe uns nicht in Versu-chung, sondern erlöse uns von dem Übel. Amen. (Er schlägt das Kleine Kreuz.)
Ich nehm' das Geld aus dem Kleiderschrank, ja? Ich kauf mir das Moped, das rot-weiße, die Zündapp. Dann hole ich meine Mutter ab. Wir fahren nach Burkersdorph und dann zum Urwaldfluss, zum Amazonas. Sie sitzt hinter mir und hält sich an mir fest. Ganz fest. Sie hat ihr gelbes Sommer-kleid an und der Wind fährt so hinein, dass es sich hinten an ihrem Rücken aufbauscht, so schnell fahre ich! Dann springen wir in den Fluss und lassen uns tragen, bis zum Meer und schwimmen weiter und weiter und weiter und weiter und weiter und weiter und weiter und weiter und weiter und weiter und weiter und weiter... (La Paloma erklingt. Fade out zum Black.)

ENDE

Dalbergtauben

Uraufführung 2010 | Stadttheater Aschaffenburg

Dalbergtauben
(Heinz Kirchner und Berthold Brunn
nach Julius Maria Becker)

Auf den rundpolierten Pflastersteinen
warm und weich vom Sommerlicht;
gurren laut die Dalbergtauben,
surren auf die Dalbergtauben,
schwirren fort die Dalbergtauben
fliegen übern Dalberg hin ins Licht.

Dalbergtauben, wilde Dalbergtauben
fliegen übern Dalberg hin ins Licht.
Dalbergtauben, schöne Dalbergtauben
schwirren übern Dalberg hin ins Licht.

Die Hälse schillernd-schöne Regenbögen,
perlgrau, tintenblau und schwarz,
schimmern fein die Dalbergtauben,
leuchten weit die Dalbergtauben,
gurren laut die Dalbergtauben,
fliegen übern Dalberg hin ins Licht.

Dalbergtauben, schöne Dalbergtauben
fliegen übern Dalberg hin ins Licht.
Dalbergtauben, wilde Dalbergtauben
schwirren übern Dalberg hoch ins Nichts.

JMB	(alter Becker)
jmb	(junger Becker)
LU	(alte Lu)
Lu	(junge Lu)

1. Szene

(1948 Musik: „Das große Glück" von Gustaf Gründgens, dazu Videoeinspie-
lungen der Vorankündigung zum „Mahl des Herrn": Bsp.: „DAS MAHL DES
HERRN; Ein Schauspiel kosmischen Ausmaßes" oder "Ein Welterlösungs-
drama über alle Dimensionen" oder „Eine monumentale Dichtung in 5 333
Jamben" oder „Eine Dichtung für die Bühne der Zukunft" oder „Das Mahl
des Herrn am Gründgens-Theater". JMB und LU tanzen.)
BLACK!

2. Szene

(1948. Becker mit Krückstock sitzt auf einem Sessel, rings um ihn sind Zei-
tungen verstreut.)

JMB
(verbittert) Während der Premierenvorstellung hat Gründgens, dieser ver-
dammte, dieser kommunistische N- 2 -azi, anstatt wie es sich gehört, wenn
auch nur aus Anstand, im Schauspielhaus zu sitzen und sich mein „Mahl
des Herrn" anzusehen, um die Ecke Sternheims „Snob" gegeben. Aus-
gerechnet den Snob! Lächerlich – als wollte er's mir doppelt vergelten.
Dreimal hat der eingebildete Monokelträger die Premiere verschoben, aus-
gerechnet für Sartres „Fliegen", besser gesagt „Schmeißfliegen", für die-
sen satanischen Nihilismus ohne Hoffnung und Zukunft.

LU
Jus! Beruhige dich doch! Keine Aufregung jetzt! Du weißt ..., du weißt doch
...! Lass mich nicht allein, nicht so früh ..., bitte Jus!

JMB
Herablassung, Dünkel, Überhebung! Dem kleinen grauen Volksschullehrer,
dem fränkischen Heimatdichter in seiner hoffnungslosen Provinzverschol-

lenheit wollte er es zeigen! Aber dem Braunauer Anstreicher die Stiefel lecken, die blutigen ....

LU
Jus! Julius Maria Becker! Hör auf, hör schon auf damit! Immer und immer wieder! Bitter bist du geworden, so starr und verrannt ...
Der werfe den ersten Stein, hm ...?

JMB
Ach! Ich hab bezahlt dafür! Hab mich geschämt, nur, dass es keiner weiß! Du weißt es. Sternheim, der jüdische Asphaltschreiber mit seinem kahlen Deutsch, Afterliterat Bankierssöhnlein, verwöhntes ...! Eine Fabrikkanten- tochter heiraten und ein Schloss bauen und schreiben zum Zeitvertreib ... Weißt du, was ein Snob ist? Weißt du das?

LU
Nein, aber du wirst es mir sicherlich gleich erklären, mein Gescheiter ... (Sie streichelt ihn.)

JMB
Gescheiter? Du meinst wohl Gescheiterter?

LU
Jus, bitte!

JMB
Sine Nobilitate: S N O B! Snob! Ohne Adel! Sprich: Volksschullehrer, Hei- matdichter, Provinzjournalist! Dieser Zusatz hatte hinter den Namen der wenigen Emporkömmlinge, der kriecherischen Parvenüs, die an den bri- tischen Universitäten als Studenten geduldet wurden, zu stehen. Die stig- matisierten Würmer, die im Staub krochen zwischen den blitzenden Stiefel des arroganten Adels. Die mussten sich ständig etwas anderes einfallen lassen, um überhaupt wahrgenommen zu werden. Die sozusagen allerersten Klassenclowns. Komm Lu, lies mir den Dreck noch einmal vor, quäl mich ein bisschen! Dass ich mich spür'! .... Ich spür mich gar net mehr!

LU
Jus, so hör doch auf! Hör auf mit dem Unsinn! Lass uns ein bisschen laufen. In den Schönbusch. Dort vors Schlösschen setzen, den Blick auf Johannis-

burg,.. die Giebel deiner Stadt, deinen geliebten Dalberg. Deiner geliebten Stadt! Deine Stadt, die dich liebt ... Wendlin!

JMB
Martinchen! (Sie spielen eine Szene aus dem Brückengeist.)

W.:Jetzt glaub ich, die Nacht geht herum. Ich nehm deinen Kopf in die Hände und hier an die Brust, dann kannst du schlafen. Und wenn du dann aufwachst, dann wird es schon Morgen sein und hell und wunderbar licht um die Giebel der Stadt. Der Strom da unten wird glänzen!

M.: Die Ketten der Schleppschiffe werden klirren. Dann wissen wir beide, die Nacht ist herum ...

W.:Und siehst du die Giebel, um die dann die Wintersonne glänzt, sind richtig emporgereckt. Wir werden staunen und bald nicht mehr wissen, dass dies die Häuser der Stadt sind ...

M.: Der Fluss dort unten wälzt Fluten von Gold, und alle die Türme der Stadt sind unten gespiegelt und tauchen ins strömende Gold ...

W.: Die Schleppschiffe lassen die Ketten klirren, und wetten, der Strom ist gar nicht dort unten, ist hoch an den
Himmel versetzt. Und dies ist die Brücke ... und wir sind Passanten ...
(JMB erschrickt.)

LU
Deine Stadt, die dich liebt ...

JMB
Ach!

LU
... geliebt hat.

JMB (theatralisch)
Geliebt hat? Bitte, Luise! Meine Dämmer Schönheit! Meine sportliche Blondine, meine evangelische! Bitte! Bitte quäl' mich!

LU (Liest aus den Zeitungen vor. Widerwillig.)
„... mittelmäßige Faustkopie in einer bombastischen Inszenierung ....“

JMB
Ja!

LU
„... wirklich schwer davor ernst zu bleiben ... dabei ist dieser Julius Maria Becker nicht irgendeiner. Er hat vor 28 Jahren als ekstatischer Rufer im Chor der Expressionisten gestanden (Das letzte Gericht) und zehn Jahre später mit dem Brückengeist, mit den glaszarten Seelenwesen Martinchen und Wendlin, ein halbes hundert Theater erobert ....“

JMB
... weiter!

LU
„... ich fürchte mit seinem Mahl des Herrn ist nicht viel zu erobern ...“

JMB
Ja! mehr!

LU
„... die Figuren leben ein gedachtes Dasein, kein erlittenes, tödlich gefährdetes, wie jeder von uns noch vor wenigen Jahren .... und das mit allen personellen und materiellen Mitteln, mit allem an Zeit und auch an Geld, was Westdeutschlands leistungsfähigste Bühne zu vergeben hat. ... was hat sich Gustaf Gründgens gedacht, als er dieses Stück annahm und aufführte? ... diese ... mittelmäßige Faustkopie in einer bombastischen Inszenierung ....“
Warum lässt du dich so quälen?

JMB
Lu, mein Engel, ich danke dir. Ich habe etwas für dich. Ich weiß nicht, ob es dir gefallen wird. Seit dieser .... Schmach zweifle ich an allem. Aber es ist mir wichtiger als mein halbes Werk. Als alles, was ich ... (Nimmt ein Blatt zur Hand.)

Es ist so weit gekommen,

dass mir nichts mehr mag frommen,
was sonst das Leben wert gemacht.
Nur du bist mir geblieben!
Solange wir uns lieben,
ist hell das Leben, fern die Nacht.

Viel Kraft hab ich verschwendet
und an mein Werk gewendet;
mein Werk stand zwischen dir und mir.
Dies irrig falsche Trachten,
ich will gering es achten
und Dir gehören heut und hier.

(Er schaut sie dabei nicht an. Er zerknüllt das Blatt und will es in den Papierkorb werfen. LU nimmt es ihm aus der Hand, glättet es und drückt es sich an die Brust. Sie weint. Musik. Fadeout. BLACK)

3. Szene
(1918. Damm)

lu
Grüß Gott, Herr Lehrer.

jmb
Guten Tag, mein Fräulein. Woher wissen Sie, dass ich Lehrer bin?

lu
O, ... Damm ist klein. Ein kleines Dorf mit großen Augen und Ohren. Obwohl, ... Sie sehen gar nicht aus wie ein Lehrer.

jmb
O, vielen Dank für das Kompliment! Wie schau ich denn aus?

lu
Kompliment, wieso Kompliment? ... Eher wie ein ..

jmb
... wie ein?
lu

Na ja, wie ein ... Künstler ... fast ...

jmb
Ein Dichter!

lu
Ein Dichter? Ein richtiger Dichter. Dann sind Sie also Lehrer und Dichter?

jmb
Nein, Dichter und Lehrer! Julius M...... (stockt) ... Becker. Und Sie heißen, lassen Sie mich raten, Sie heißen Martinchen?

lu
Martinchen, ein schöner Name. Ich heiß bloß Luise, Lu, Brenner. Wie kommen Sie ausgerechnet auf den Namen Martinchen?

jmb
Weil er Ihnen auf die Stirn geschrieben steht! (Fährt mit seinem Zeigefinger über ihre Stirn.)

lu
(Fasst sich an die Stirn. Spurt seinem Zeigefinger nach. Errötet!) Sie! Also wissen Sie!

jmb
Nein, im Ernst jetzt! Ich habe da eine fixe Idee für ein Theaterstück. Neulich, der Spessart brannte noch in den letzten Herbstfarben, spazierten wir das Landing hinunter und kramten bei ‚Wolf' in einem alten Regal. In einem der Jahrbücher stieß ich auf eine Kurzgeschichte: Ein Knecht ohne Pass will über die Grenze, eine Brücke. Er muss laut Gesetz auf der Brücke über Nacht bleiben und trifft dort ein junges Mädchen, die von der anderen Seite kommt und die in der gleichen Lage ist wie er. Also müssen beide die ganze Nacht zusammen auf dieser Brücke verbringen.
Ihn hab ich Wendlin genannt und sie Martinchen. Und dann stellt sich heraus, dass beide, aber das werde ich erst, wie bei Ibsen, ganz am Schluss verraten, längst tot sind und der Brückenwächter der Tod ist ...

lu
(Gerührt.) Wie furchtbar, .. der Tod! Sie verlieben sich? Sie müssen sich verlieben. Sie müssen sich unbedingt verlieben. Aber, wenn sie schon tot sind?

jmb
Ja, es ist eine große Liebe, eine heilige Liebe ..., etwas ganz besonderes!
Den Schluss verrate ich Ihnen nicht. Noch nicht. Ich ... bin ... öfters hier.

lu
Ja. ... Eines noch, ..., ich weiß nicht, ob ich es sagen soll oder fragen, ... küssen sie sich auch, ...

jmb
Möchtest du denn, dass sie sich küssen, ... Martinchen?

lu
Ja, unbedingt, ... Wendlin.

jmb
Adieu, Fräulein Brenner.

lu
Lu!

jmb
Lu!

lu
Adieu, ... Julius!

jmb
Jus!

lu
Adieu, Jus!

BLACK!

4. Szene
(1918. jmb mit Rohrstock und im Dandylook. Kinderstuhl.)

jmb
Kriegsende. Lehrer in Damm. Was tun, wenn kein Geld da ist? Volksschullehrer. Um Gottes Willen nicht aus Neigung. Eine Klasse mit 50 Schülern, die lasse ich meine Lyrik erproben, streue meine Verse zwischen Goethes, Schillers, Heines, Mörikes große Gedichte, lasse sie die Schüler auswendig lernen, berausche mich am Vortrag, durch den sie auf eine Stufe gehoben werden mit den ganz großen Werken.
(Er wendet sich an einen imaginären Schüler auf dem Kinderstuhl.)
Hans, sag uns doch mal unser Lieblingsgedicht auf! (jmb setzt sich auf den Stuhl und trägt das Gedicht leiernd vor.)

Auf dem Turm der Wetterhahn
Hat ein gülden Kleidchen an.
Hoch im Blauen steht er frei,
Wolken zieh'n an ihm vorbei
Und der Mond, der nächtens scheint,
Ist sein allerbester Freund.
Wenn der Hahn nach Osten schaut,
Weiß ich, dass der Himmel blaut,
Dass er aber Regen schickt,
Wenn der Hahn nach Westen blickt.
(Er steht auf und geht in seine alte Position.) Prima, Hans! Das hast du gut gemacht.

Ja, ich bezeichne das als impressionistische Pädagogik, Unterricht aus dem Augenblick heraus, das spart auch Vorbereitung, erfordert Schöpfertum. Der Lehrer als Künstler! Diese furchtbar geistesarme, alltägliche, zermürbende Pflicht. Und die kirchliche Schulaufsicht, die barbarische Prügelei (Zeigt den Rohrstock.), viele Kollegen Speichellecker. (Zieht einen Zettel aus der Tasche.)
Unser Streberlein/ Er hat sich immer schriftlich vorbereitet/und ließ auch wissen, dass es stets geschah./Den Schulrat hat er stets zur Bahn geleitet./Er war Fonleichnams mit Zylinder da.// Er wird noch höher steigen, wie ich wette;/ er ist ein Einser, glänzend und mit Stern./ Am Ende schmückt ihn die Ministerkette./ O Gnad uns Armen vor dem Glück dieses

Herrn. (Er zerbricht den Rohrstock. BLACK!)
5. Szene

LU
(1951. Lu hält einen Brief an die Brust gedrückt. Sie hat die Augen geschlossen. Das Radiogerät leuchtet, die Funkfassung des Brückengeist läuft.) „Sie hin Geliebter, die Flocken stehen still ..... wir steigen." (Lu beginnt zu weinen.)

6. Szene

jmb
(1929. Projektion Stadttheater. jmb und Lu. Er hält einen Brief an die Brust gedrückt.)
Der Erfolg. Endlich. Endlich! Wir ziehen um, Lu. Die Villa, die Villa in der Lindenallee. Unsere Uzuberei. Endlich der Durchbruch. Überall wollen sie ihn haben - meinen Brückengeist, überall. (Er liest.) In Saarbrücken, in Bonn, Coburg, Hagen, Oberhausen, Baden-Baden, in Nürnberg, Würzburg, Mannheim, Augsburg, in Berlin am Schiffbauer Damm, am Resideztheater in München, und so weiter, überall....

lu
Mein Wendlin?

jmb
Mein Martinchen? (Sie spielen den Schluss des Brückengeist.)

W.: Hast du gehört, dass Schneeflocken, die tanzen und langsam zur Erde segeln, auch hörbar sind?

M.: Das weiß ich genau!

W.: Da kommt eine her, so groß wie ein Lindenblatt! Und glaub mir: Ich kann sie jetzt hören! Sie tönt! Wie ein Harfenklang! Und kommen viele, dann klingt es wie Harmonika! Hörst du es klingen?

M.: Genau wie Harmonika! Man braucht sie nur anzusehen: wie Federn von Schwänen so zart und dann noch gefiedert, gezackt. Und wenn dann im Segeln der wehende Luftstrom kommt und streift durch die Härchen, dann gibt es ein Tönen, vielstimmig ... Ich hör es!

W.: Das fängt ja erst an! Und wenn dann der Schneefall, das große Gestöber noch kommt, dann sitzen wir mitten im Klingen ...

M.: Sieh hin, die Flocken ... stehen still ...

W.: Die Flocken stehen und die Brücke steigt!

M.: Die Brücke steigt!

W.: Wir steigen!

M.: Wir steigen!

jmb und lu
Wir steigen!
BLACK!

7. Szene

jmb
(1914. jmb unter der Lichtdusche. Kriegsgeräusche.)
Der Krieg. Verdun. Die Hölle. Das Grauen. Die Angst. Die Scham. Die Heimkehr. Das Leiden. Die Qual. Das Tier.
Als er spät nach Mitternacht erwachte, war noch ein Glanz des hastig zerrinnenden Traumes da. Der Traum war licht gewesen, voller Farben, ja voller Musik sogar. Musik war ausgeschüttet und rann wie von Grotten im Raum von seltener Pracht herab. Er hatte sie, aufwachend, noch im Gehör, doch stob in letzter Minute ein Wirbel hinein, Stimmen gellende, kreuzten sich, hallten nachdröhnend wie in leerem, lichtverwirrtem Saal.
Drunten auf der Straße war der Lärm entstanden. Stritt man sich? Oder kämpfte man? Hieb man auf einander ein? Denn Schläge wurden vernehmbar, Stockschläge, die aufklatschten, auf einen Rücken gezielt waren, die trafen. Ein Laut von Klage stöhnte hinein, ein Brüllen erhob sich, brach auf, durchschütterte diese Nacht und schreckte sie auf, damit sie hier Zeuge sei.
Er hatte sich erhoben und war ans Fenster getreten. Die Gasse war dunkel. Mehrere Gestalten hielten einen Schatten umringt, und der Schatten war es, auf den sie hieben, und der Schatten blieb fest wie angenagelt,

schwankte nicht, verschob sich nicht, rückte nicht von der Stelle.

Auch der dort oben am Fenster lehnte sich weit hinaus. Denn Menschen peitschten ein Tier...

Menschen hatten ein Schlachttier gebracht und trieben ihr Opfer durch traumwirre Gassen, hin und her wie im Labyrinth.

Hier unten aber plötzlich stutzte das Tier, warf den Kopf in die Luft, nahm den Hauch dieser Nacht in die Nüstern, witterte, ahnte, erschrak: erschrak so jäh wie nur ein Mensch erschrickt, dem plötzlich sein greifbar naher Tod zur Gewissheit wird.

Die Glieder sind starr, wie gelähmt, das Auge verschwimmt, die Zunge zerwelkt ihm im Mund. –

Sie schlugen mit klatschenden Stöcken zu. Das Tier ging nicht von der Stelle. Es spreizte die Beine weit, stemmte sich mächtig gegen das Pflaster, wurzelte die Wucht seiner Säulen im Boden fest - und stand wie aus Erz, dröhnte wie aus Erz, brüllte wie aus Erz!!

Man riss an Stricken, man schob, man legte sich mit Schultern an wie ein Hebewerk. Todesangst steifte und schwerte diesen mächtigen Koloss, der bleiben wollte und „nein" rufen gegen das, was sein dunkler Instinkt ihm sagte!

Auch drüben wurden die Fenster geöffnet. Leben brach in die Gasse ein. Man half, man griff an. Und Flüche dröhnten herauf: "Vieh! Hole der Teufel dieses Vieh!"

Die Schläge prasselten, fielen nieder im Takt.

Oben der am Fenster zitterte - um das Tier. Jetzt würde es stürzen, jetzt würden die Knie brechen. Und er rief in den Taumel hinein: „Schinder, Halunken, Schächer!"

Ein Hieb hatte getroffen.

Das Tier schrie auf.

Das war nicht Röcheln, nicht Röhren, nicht Brüllen. Das war nur ein Klageton der Kreatur, bevor sie für immer verstummte.

Und jener dort oben klirrte das Fenster zu, warf sich aufs Bett, erschüttert, empört, angewidert, geschlagen von Scham.

Er war ja ein Mensch!

Er hatte vergessen, was dies heißt!

Und weil er's vergaß, vergaß, was es heißt, ein Mensch zu sein, drum würde er tragen, bewahren und hegen müssen diesen Schmerzlaut der Kreatur in sich ...., damit er ihm deute, wie sehr er ein Mensch gewesen bis heute --------------

ein Störer, Verscheucher des zitternden, anschmiegenden, treuen, um

Liebe, Vertrauen so inbrünstig bettelnden Seins!
O Mensch mit dem Fluch des eisernen Muss!
O Gott!! Wo bist du denn? Wo? Hm? (Verächtlich.)

BLACK!

8. Szene

lu
(1919. Sie hält einen Zettel in der Hand.)
Jus. Jus! Julius! Ein Dichter. Julius Maria Becker. Er ist so anders und viel äl-
ter als ich. Er verwirrt mich. Katholisch natürlich, leider. Schade. Er schreibt
mir Gedichte, mir der evangelischen Dämmer Bauerntochter. (Sie fasst sich
an die Wangen und schaut sich um.) Meine Wangen glühen. (Sie liest.)
Zwischen hellem Eichengrün, die Äste mit den Händen teilend, kommst du
in ..... klarer .... Nacktheit meinen Berg entlang. Wo der Eiche mächtige
Rotunde hoch im Mittag jeder Schatten flieht, beug ich mich herab .... zu
deinem .... Munde, der wie dieser stille Sommer glüht. Ich sehe dich in gan-
zer Schönheit vor mir stehen. (Sie drückt den Zettel an ihre Brust und
schließt die Augen.)

jmb
Martinchen! (Sie erschrickt. Steckt den Zettel weg.) Luise Lu Martinchen
Brenner, ... es würde gehen, aber wir müssten nach München.

lu
Es würde gehen? Eine Luthersche und ein Papist! Jus! .... Es würde gehen?

jmb
Ja, in München, im Oktober. Mein Schwager hat es arrangiert. Lu, wir
müssten nur nach München. Am 21. Oktober in der Pfarrei München-Gern.

lu
Gern? Gern! Sehr gern! Julius Maria Wendlin Becker, ist München eine
schöne Stadt?

jmb
Ja, Luise Martinchen ... Becker, München ist eine sehr schöne Stadt.
BLACK!

9. Szene
(1920.)

lu
Den Schal. Leg ihn um, bitte. Jus, du bist ein Dichter. Du musst auch ausse-
hen wie ein Dichter. Und den Stock, Julius. Der Dichter in der Wochen-
schau, ich hab vergessen, wie er heißt. Er hatte auch einen Stock. Und den
Hut, Jus, du musst immer einen Hut tragen. Wir werden Hüte kaufen müs-
sen ... und noch ein oder zwei Schals.

jmb
Luise, aber ein Dichter ist doch kein so äußerlicher Mensch. Darauf sollte
es doch nicht ankommen. Es ist mir eine Last, mich auch noch um mein Äu-
ßeres zu kümmern und Gedanken zu machen .... Es gibt so viel, was mich
beschäftigt, was geschrieben werden muss ...

lu
So, den Hut ein bisschen tiefer in die Stirn gezogen, den Schal mehr wie
beiläufig umgelegt. Das Stöckchen in der Linken. Jetzt geh ... du musst dich
gerader halten, ein bisschen mehr von oben herab, ja, ... und jetzt die
Rechte hinter den Rücken. Ja, mein Dichter, mein Gescheiter. ....
Eins noch Jus, ... du solltest anfangen zu rauchen ..., am Anfang ist es
schwer, unangenehm, aber du wirst dich schnell daran gewöhnen und es
genießen. Es macht einen Mann, wenn er's richtig kann, elegant und welt-
läufig und ... männlich

jmb
Lu, ich bin doch kein ....

lu
Schweig, mein Gescheiter und überlass diese Dinge mir. Vertrau mir. Ich
möchte, dass alle sehen, dass mein Mann, mein Julius Maria, etwas ganz
Besonderes ist...

jmb
Lu!

lu
Schweig und zieh den Hut noch ein kleines bisschen in die Stirn. Ja, perfekt!
(Sie küsst ihn auf die Wange.)

jmb
Alles, was du tust, ist wohl getan.

BLACK!

9. Szene

LU (1989. Schummriges Licht. LU sitz im Sessel. Sie schläft, schrickt aber
plötzlich auf. Hinter ihr steht lu. LU dreht den Kopf nach rechts und links.
Sie kann lu zumindest schemenhaft erkennen.)
Ich habe geträumt. Ich habe noch nie einen so klaren Traum geträumt.
Ich stehe auf der Bühne des Stadttheaters. Der Eiserne Vorhang ist hochge-
zogen und man kann in den unbeleuchteten Zuschauerraum sehen. Das
leere Halbrund des weiß-roten Gestühls hebt sich mit einem zarten Leuch-
ten aus dem dämmrigen Raum heraus. Julius lehnt an einer der Holzsäu-
len, die den 1. Rang abtrennen, rechts vom Eingang zum Parkett. Wir
schreiben das Jahr 1940. Er trägt seinen dunklen, etwas zu engen Anzug
und hat die Arme über der Brust gekreuzt. Sein Haupthaar ist schon schüt-
ter, der Körper kräftig. Er betrachtet das Bühnenbild zu einem seiner Dra-
men. Auf einmal ist das Theater voll. Das Stück ist soeben zu Ende ge-
gangen. Das Publikum erhebt sich und in ihm Dutzende in den schwarzen
Uniformen, SS-Prominenz aus Würzburg. Wie bei der Premiere üblich, tritt
nach zwei, drei Vorhängen Julius zwischen die Schauspieler und verneigt
sich. Die Strähnen seines schütteren Haares fallen ihm ins Gesicht. Mit ei-
ner fahrigen Bewegung streicht er sie zurück. Mit einem schmalen Lächeln,
das aber doch ein stolzes Lächeln ist, nimmt er die Bravorufe zweier jun-
ger, beneidenswert schlanker SS-Leute aus der ersten Reihe entgegen. In
ihre Mützen, auf denen die metallenen Totenköpfe sanft schimmern,
haben sie die schwarzen, glänzenden Lederhandschuhe gelegt und unter
die linke Achsel geklemmt. Sie klatschen begeistert. Einer der jungen
Schnösel, ein soldatischer Dandy, hat sich ein Monokel vor das rechte Auge
geklemmt. Das Scheinwerferlicht fängt sich darin ein und blendet den

Dichter, der auch einmal ein Dandy war. Und er erkennt auf einmal im Monokelträger seinen Vernichter, seinen Lebenszerstörer. Wie abwehrend hält er sich die rechte Hand vors Gesicht.........
Dann ertönt ein Glockensignal wie an Bahnübergängen und der Eiserne Vorhang wird heruntergelassen. Noch immer lehnt Julius an der Säule. Ganz allein steht er wieder da in seinem etwas zu engen Anzug im dämmri-gen Zuschauerraum. Ein grob gerastertes Bild, brüchig, als wolle es gleich zu Staub zerfallen. Kaum merklich senkt sich sein Kopf nach vorne. Er nickt mir zu und lächelt, lächelt anders als er den schwarz gewandeten Schnö-seln zugelächelt hat, nimmt den Hut von der Brüstung und ist plötzlich ver-schwunden. .... Jus, Jus, warte, warte auf mich.
Martinchen?
(Iu legt LU die Hände auf die Schultern. LU greift danach. Ihr Kopf sinkt langsam nach vorne auf die Brust.)
BLACK! (Fadeout)

10. Szene

Iu
(Lu mit Tennisschläger.)
Ich bin sportlich. Ich brauch die Bewegung. Schwimm durch den Main, wenn das Kettenschiff durch ist. Hin und her. Bis zur Erschöpfung. Für Jus ein Gräuel. Ich brauche das. Die Bewegung, das Tennisspiel. Der Tennisleh-rer ist anders. Er ... lebt mehr. Ist so unbekümmert, nicht dumm, eher un-kompliziert. Direkt, ein wenig frech, ... sportlich halt und sehr im Leben, sehr! ..... Jus .... würd' ich nie verlassen, nie! Weil er mich braucht. Ich be-schütze ihn, ich rette ihn. Rette seine Manuskripte, die er oft voreilig weg-wirft, leg sie beiseite, ordne sie. Ganze Stapel! Auch ..., ja auch den Brückengeist! Ja, den Brückengeist!
Ich könnt ihn nie verlassen, nie. Der Tennislehrer hat mir – von einem dum-men Dämmer Bauernbuben – Rosen bringen lassen. Der gibt sie Jus: „Die sind vom Tennislehrer für die Frau!" Jus bringt sie mir und meint - zerstreut und in Gedanken tief: „Vom Buben vom Tennislehrer für dich. Ich hab was im Kopf gerade; das muss schnell aufs Papier." Die Röte, die mir wie von Brennnesseln ins Gesicht schoss, hat er nicht gesehen. War schon wieder ganz weit weg. Mein Ge ...scheiter!

BLACK!

11. Szene

JMB (Juli 1945)
„Ja, Becker, like baker, yes! Julius Maria! What? Yes, Maria! It's a girl's, a woman`s name, yes! Kennen Sie Rainer Maria Rilke? He is very famous! Nein? No?
Am 9. Juli 1945 griffen mich die Amerikaner auf offener Straße auf! Verhör!
Sechs Wochen Haft! Vom Dichter zum Latrinenputzer!
Okay! Yes Sir! Teacher! Yes! Volksschullehrer!
I was no Nazi!! Not the kind of Nazi, you mean! Yes that´s right, I became a member of the NSDAP in 1933. Ich wurde Parteimitglied, 1933, ich war Lehrer! Wissen Sie wie viele Lehrer unter den ersten hundert Parteimitgliedern waren? Über die Hälfte!! Die Nazis waren mir immer fremd, aber sie haben mir geholfen. „Wenn sich Julius Maria Becker im Dritten Reich eine Schuld aufgeladen hat, dann die, die dumpfe Banalität dieses Regimes von Zeit zu Zeit mit einer falschen kulturellen Aura geschmückt zu haben.".
In den Braunen sah ich anfangs künstlerische Verbündete. Was sich schnell geändert hat! Als Spielplanberater beim Aschaffenburger Stadttheater habe ich auf literarische Qualität geachtet, habe ausgerechnet Carl Hauptmann favorisiert und nicht Hanns Johsts furchtbares Blut-und-Boden-Drama „Schlageter". Als „Kitsch" habe ich das abgelehnt, so steht das Schwarz auf Weiß im „Beobachter am Main" am 7.4.33! Im März 33 hat mich Johst telefonisch abblitzen lassen. Ließ mir ausrichten, der neue „starke Mann" der Naziliteraturpolitik, ich solle mein Theaterstück vielleicht in ein paar Wochen einreichen. Da ging mir der Gaul durch. Ich sagte, dass ich das empörend fände, und dass ich mit vier Werken im Spielplan der deutschen Bühnen stünde und wenigstens mit Johst zu sprechen die Gelegenheit haben müsse. Die Sekretärin, das Weibsbild, meinte, dass er gerade in der Schlageter-Probe sei. Also: so steht es! Scheußlich! Da waren ja die Juden noch besser.
Ich brauchte die Stellung als „Fachschaftsleiter für Schrifttum und Theater". Ich habe gegen die Nazis geschrieben, hier am 4.1.1935 zum Beispiel schreibe ich offen, sie hätten nichts hervorgebracht als das „faule Blut- und Bodengeschwätz, das keinen weiteren Grad der Banalisierung mehr zulässt!"
Yes, I know, I was successful again in 1940. Ja, "Am Strom der Bojana" und „Auge für Auge" waren große Erfolge im Stadttheater – Galapremieren jeweils, die Aufführungen mussten mehr als ein Dutzend mal wiederholt

werden. I know what you mean, a lot of big Nazi-bosses from Würzburg came to watch the plays. Die großen Würzburger Nazis reisten zu den Vorstellungen an und waren begeistert. Aber, sollen alle Rechtschaffenen die Werke Caspar David Friedrichs hässlich finden, nur weil Hitler für sie schwärmte.

Im gleichen Jahr hat die Gestapo eine Haussuchung bei mir veranstaltet. Es ging um meine Korrespondenz mit Pepi Matthes, einem strikten Antifaschisten im Exil. Pepi Matthes, obwohl Anarchist und Atheist, hat mich bestärkt mit seiner radikalen Wildheit gegen jegliches Autoritätsdenken. (Schreit!) That's right, the letters were never found. Die Briefe waren wie vom Erdboden verschluckt! Damals war das mein Glück. Den Amerikanern hätte ich sie gerne gezeigt, natürlich!

BLACK!

12. Szene

(1933. jmb geht auf und ab. Übt den Nazi-Gruß. Ahmt Hitler nach: Bärtchen und Gruß. lu kommt hinzu.)

lu
Jus! Was machst du da? Du bist ja schon zurück! Hör auf damit!

jmb
Heil Hitler! (lacht) Die Fahrt zu den Bonzen des III. Reiches nach Berlin war ein Schlag ins Wasser, aber das was ich aus Halle mitbringe, Lu, mein Engel, klingt süß! Intendant am Stadttheater Halle, am Stadttheater der Händelstadt Halle! Der neue Bürgermeister, ein ganz junger Mann in Hitleruniform und nett, hat mit mir verhandelt. Lu! Intendant Julius Maria Becker! Wie das klingt! Ein wenig anders als Volksschullehrer! ... Ich bin, ich musste in die Partei ... eintreten.

lu
Jus, diese rohen, lauten Menschen. Ich dachte immer, die machen dir Angst?

jmb
Wie einst Harry Heine seine protestantische Taufe als „Entreebillet zur europäischen Kultur" sah, so musst du diesen Beitritt sehen, Lu. Es wird so

schlimm nicht werden, glaub es mir. Im Juli werden wir hier im Hause, hier
in unserer Uzuberei in der Lindenallee, einen Kulturbund gründen. Gegen
die Defätisten, die Asphaltliteratur und den entseelten Intellektualismus.
Gegen Bolschewismus und die verkafferten Großstädter. Gegen Schmier-
finken wie Wedekind oder Shaw und Konsorten, die alle
Ideale mit ihrem zerstörerischen Zynismus in den Schmutz ziehen. Weißt
du was Shaw jüngst geschrieben hat, weißt du das? „ Die Tatsache, dass
ein gläubiger Mensch glücklicher ist als ein Skeptiker, trägt zur Sache nicht
mehr bei als die Tatsache, dass ein betrunkener Mensch glücklicher ist als
ein nüchterner." Das ist krudeste Blasphemie. (Er bekreuzigt sich.)
Wir werden einen ... Kampfbund für deutsche Kultur gründen. Für Kultur!!

lu
Julius, einen Kampfbund? Du und ein Kampfbund?

jmb
Ein Kampfbund für Kultur! Verstehst du? Für Kultur! Und ich werde die
Fachschaft Schrifttum und Theater übernehmen. Ich werde den Spielplan
unseres Stadttheaters entscheidend mit beeinflussen können.

lu
Dann wirst du Nazistücke spielen lassen, Jus? Den Schlageter vielleicht?
Oder noch schlimmeres? Jus, wo willst du hin?

jmb
Ich sagte doch Kultur! Die Klassiker, von den Modernen Carl Hauptmann,
meinen Freund und Förderer und der ist kein Nazi, Lu!, Dann Hebbel, Ib-
sen, Strindberg, Kaiser ... Der Schlageter ist Blut-und-Boden-Kitsch, Luise ...

lu
Jus, ich weiß nicht, ich hab Angst! (Sie geht ab. Als sie weg ist, grüßt jmb
mit dem Hitlergruß.)

jmb
(Brüllt.) Heilt Hitler! (Er lacht lange und laut.)
BLACK!

13. Szene

LU
(1968. Sie ordnet einen Stapel Blätter, zieht eines heraus, setzt sich hin und liest.)
Aphorismen. Ende November 1948.
Die Fenster der Herz-Jesu-Kirche sind beleuchtet wie bei der Rorate. Die Rauchfahne vom Kamin der Nees'schen Buntpapierfabrik lagert in einer langgestreckten Horizontalen auf dem Hintergrund der Nebeldämmerung. Die Dampfpfeife schrillt auf, und ich beneide die Arbeiter, die hinter den Lampen ihrer Fahrräder ein wenig schneller in die Pedale treten: ihr Tagwerk beginnt; es ist ihnen vorgezeichnet und sie werden am Abend ein gutes Gewissen haben. Ein Flugzeug trommelt im Unsichtbaren; der amerikanische Pilot fliegt Proviant nach Berlin, damit meine Landsleute nicht Hungers sterben. Was tue ich? Womit werde ich mich rechtfertigen, wenn es Abend geworden ist und wenn ich mich zur Ruhe lege, ohne der Not dieses Tages meinen Beitrag geleistet zu haben? Eine Krähenschar hat sich auf einem der stäubenden Wipfel niedergelassen; sie hocken wie schwarze Klumpen im Gezweig und jagen ihre Schreie in den Morgen ... Hölderlin: Weh mir, wo nehm ich, wenn es Winter ist, die Blumen und wo den Sonnenschein, und Schatten der Erde? Die Mauern stehn sprachlos und kalt, im Winde klirren die Fahnen. .... Dann fliegen sie auf. Wie schön wäre es mit diesem Schwarm zu sein, mit ihnen allen hineinzutauchen und unterzugehen in diese halbe Düsternis aus Nebel und Schnee ...
BLACKl

14. Szene
(25. Juli 1949. Krankenhaussymbol. Fahles Licht. JMB, im Lehnstuhl schlafend, wacht auf und redet wie in Trance.)

JMB
Wo bin ich? Wo bin ich? .... Die Brücke ... Als Sie den Pass in den Lichtschein hoben, da war es, als gieße sich Blut aufs Papier: ein mächtiger, quellender, blutiger Strom. ....
Die zwölfte Stunde ist schwarz, heißt Pluto und tritt mit Sohlen so zart wie ein Kater auf. Die erste nach Mitternacht kommt leise und veilchenfarb; so schleicht sie ums Wirtshaus der Zecher herum und weiß, wo verspätet die

Backöfen glüh'n.
Die dritte ist grau, die vierte ist purpurn wie Portwein. Die fünfte blüht rot,
die sechste strahlt himbeerhell, die siebte scheint gelblich wie Honigwachs
und die achte kommt silbern und weiß daher und ist nicht mehr Wolf und
schmiegt sich wie Gottes Lamm.
Wie Gottes Lamm ....

BLACK!

15. Szene

jmb (1926. jmb mit Zeitungen und einem Blatt.)
Die Kritik zur Kattowitzer Aufführung. „ ... Beckers Sprache ist frei von lar-
moyantem Pathos, sie besitzt Wucht und musikalische Dynamik. ... Es sind
aber noch Rudimente aus der expressionistischen Kinderstube da, die stö-
rend wirken. ... und Wendungen wie ‚gaudiert sich noch ordentlich, wenn
törichter Haufen ihn einzigen isoliert', ‚wir wollen ein Schweigen runden'
sind allzu literatenhaft verkrampft."
Literatenhaft verkrampft! Das ist Poesie, das ist Dichtung und kein Gossen-
und Asphaltgeschreibsel. Wenigstens gesteht er zum Ende „ ... Das
Friedensschiff berechtigt dazu, in Becker eine starke Hoffnung für die deut-
sche Bühne zu setzen..."

lu
Und du wolltest, du wolltest es, ... du hast es ... in den Papierkorb ... Ich
muss so aufpassen. Müsst' eigentlich immer um dich sein. Denk an den
Brückengeist ...
Was ist das für ein Brief?

jmb
„Sehr geehrter Herr Becker, vielen Dank. Ihr Werk wird mich wohl in
München erwarten. Ich freue mich sehr darauf und begrüße Sie mit den
besten Wünschen für den Erfolg Ihres Stückes ... als Ihr sehr ergebener ..."

lu
Wer ist dieser höfliche Mensch?

jmb
Ein (verächtlich) Dichter. Im Moment in aller Munde, aber überdauern wird

er nicht. Diese alles zersetzende Ironie, dieser unanständige Sarkasmus, diese charakterlose Unschwere. Kein Respekt, kein Glaube, keine Ehrfurcht ... ein vorübergehender Spuk, ...

lu
Wie heißt er?

jmb
(Zögert sehr lange.) Thomas Mann.
BLACK!

16. Szene

JMB
(12. Februar 1949. JMB sitzt auf seinem Sessel. Er döst. LU kommt herein. Auf Zehenspitzen will sie wieder abgehen. Da erwacht JMB.)
Lu? Ich habe geschlafen. Ich habe seit langem wieder einmal richtig geschlafen. Tief. Hatte einen Traum, einen wunderbaren Traum, Luise. Dass ich fliegen kann wie eine Taube. Dass ich mit meinen Tauben fliege. Hoch, ganz hoch über der Stadt. Mich niederlasse mitten unter ihnen auf der Spitze der Stiftskirche. Und gegurrt habe ich mit ihnen. Sie konnten mich verstehen, Lu. ... Verrückt, nicht wahr?

LU
Mein verrückter Täuberich. Ich muss ... (Sie will schnell weg.)

JMB
Halt, Moment. Das hätte ich jetzt fast vergessen wegen dieses törichten Traums. Wann wird die Ernennung sein? Hoffentlich nicht so schnell. Ich muss erst wieder besser auf die Beine kommen.

LU
Jus, du bist, ich meine sie haben ...

JMB
Was haben sie? Lu, sag doch ...

LU

Sie haben nicht ..., nicht dich, sie haben ...

JMB
Was, sie haben einen andern? (Lange Pause) Wen? (schreit) Wen?

LU
Hock!

JMB
Hock! O nein! Einen Provinzmaler, ein Nichts, einen lausigen Spitzweg-Kopisten!
(Steigert sich hinein bis zum Schreikrampf.) Welch ein neidisches, hässliches, undankbares, heimtückisches Pack, für das ich ein ganzes Leben der Provinzverschollenheit geopfert habe. Bremen! Ja, ich hätte das Angebot aus Bremen annehmen sollen, im Frühjahr 21. Immerhin Dramaturg, immerhin. Der Intendant hatte sich beim bayerischen Ministerpräsidenten für mich stark gemacht. Aber ich hing an der Sicherheit, an der verfluchten Beamtenstelle! Und an dieser von Gott verfluchten Stadt!

Kein zweiter Dichter Deutschlands wurde von seinem Volke schlechter behandelt als ich und hat mit dem Fluch gänzlicher Missachtung und Verkennung so lange gelebt! (Er bricht zusammen.)

BLACK!

17. Szene

(1918. Damm. lu und jmb stehen nahe zusammen und schauen sich in die Augen.)

lu
Und küssen sie sich? Martinchen und Wendlin? Lässt du sie sich küssen, Jus?

jmb
Möchtest du denn unbedingt, dass Martinchen und Wendlin sich küssen, Martinchen?

lu
Ja, ich möchte unbedingt, dass Wendlin und Martinchen sich küssen, Wendlin.
(Sie küssen sich.)

BLACK!

17. Szene
(Schlussszene)

(26. Juli 1949. Krankenhaussymbol. JMB im Morgenmantel, Decke über den Beinen. Er schläft. Musik. Er wacht langsam auf. Erschrickt! Lauscht der Musik.)

JMB
Ist es schon soweit? So früh? Viel zu früh. Ich bin ja noch gar nicht fertig. Hab soviel noch zu tun. Vieles vernichten. Fast alles! In unserer Familie ist sie die Sammlerin. Noch mehr schreiben! Aber was? Was gilt, hat Wert, Bestand? Vielleicht doch der Asphalt? Nicht auszudenken! Als wollte man Gott töten .... Vielleicht dreh ich doch das Rad ... in die falsche Richtung? (Musik ertönt: Dalbergtaubenmotiv)
... die Tauben, da sind ja die Tauben, meine Dalbergtauben (Er gurrt und sieht die Tauben fliegen und laufen.)...... (Hat einen plötzlichen Einfall.) Wenn es mir doch nur noch vergönnt wäre, meine Kindheitserinnerungen niederzuschreiben, dann würden diese in einer Glorifizierung der Dalbergstraße bestehen....
(jmb tritt auf.) Jus?

jmb (Dandylike)
Gestatten: Julius Maria Becker! Dichter und Dramatiker! Man verehrt mich! Diese Stadt, diese kleine Stadt am Main liebt mich! Man ist stolz auf mich. In Berlin hat man mich eben für den Kleistpreis vorgeschlagen. Meine Freunde Carl Hauptmann und Richard Dehmel machen sich stark für mich. Eine Bank! Ich werde den Kleistpreis bekommen und diese Stadt wird mich niemals vergessen. Niemals ...

JMB

Ja, 1919! Du bist so jung, so schön, so stolz! Auf dem Vorgipfel. Da ist man nah am Himmel, zu nah. Aber schaut auch hinab in schwindelerregende Abgründe ...

Siehst du die Tauben, da sind wieder die Tauben (gurrt) .... in einer Glorifizierung der Dalbergstraße ...

jmb (Fährt fort im Einvernehmen mit JMB.)

... nicht aber der ganzen Dalbergstraße; es wäre das kleinere Stück zwischen Stiftskirche und Rathaus, zwischen dem festlichen Monsalvathügel der ungezählten Treppenstufen der gotischen Höhensteige und des schwindelnden Turmes einerseits und dem nüchtern-feierlichen Ernste der säulengeschmückten Fassade des alten Rathauses andererseits. ...

JMB

... Wir wohnten gerade dem Rathaus gegenüber. Auf dem Sims des Rathausbalkons, auf den Dächern und drunten auf den rundpolierten Pflastersteinen saßen an Nachmittagen die wilden Tauben der Dalbergstraße, ... (Lu tritt auf.)

Lu

... perlgrau, tintenblau und schwarz; doch alle mit schönen, schillerndem Regenbogen um den edelgeschwungenen Hals. Wenn sie aufflogen, gab es dann immer ein rostiges, turbinenartiges Schwirren in der Luft; höre ich es heute, so steht meine ganze Jugendzeit vor mir.....

JMB

Ja, meine ganze Jugendzeit ... Martinchen, Wendlin ...
(Dalbergtaubenmotiv ertönt. Lu und jmb tanzen.)
Drum, wenn ich Sie bitte, mein Schäfchen, mir freundlich die Hände zu reichen, und wenn ich Sie bitte, mein Fohlen, hübsch artig die Füße im Tanztakt zu regen - im Tanztakt mit mir; dann wird doch mein Falter, versteht sich, nicht Widerpart leisten, wird mittun im Walzer und fliegen, mein Vöglein - und warm mir in Armen ...
Und warm mir in Armen .... Luise ... (JMB stirbt. Das Licht wird unmerklich weniger. BLACK.)

- Ende -

A.M.I.L.O. | Alte Männer in lächerlichen Outfits
Uraufführung 2012 | Stadttheater Aschaffenburg

Amelotatismus ist eine Wortschöpfung aus dem Griechischen: ("a" = ohne, "melo" = Glied, "tasis" = Zuneigung).Entsprechend leitet sich daraus "Amelo" ab, also die Bezeichnung für Personen mit einer Vorliebe für Behinderte mit fehlenden Gliedmaßen.

Helene	spätes Mädchen	35 - 50
Hubert	großer Junge	50 - 60

1. Sehr komisch! (beide)

Helene
(Im Flugzeug. Sie sitzt, er setzt sich neben sie. Langes Schweigen. Sie mustert ihn auffällig unauffällig.) Auch Baltikum?

Hubert
Nein, Warschau. Ich spring mit dem Fallschirm ab.

Helene
Mit dem Fallschirm? ... Entschuldigung, ich meine, ob Sie auch diese Rundreise „Baltikum geballt" machen? Estland, Litauen, ... das krieg ich nie hin!

Hubert
Lile und denk dabei an Lilie, so merk ich mir das: Von Süden nach Norden Litauen-Lettland-Estland. Lile und denk dabei an Lilie. Ganz einfach.

Helene
O ja, das ist gut. Lilie, die Totenblume. Haben Sie sich vorbereitet, ich meine informiert?

Hubert
Nein!

Helene
Dann fahren Sie also vollkommen blank und unwissend ins nordöstliche Ausland?

Hubert
Ja!

Helene
Sie sind aber - mit Verlaub - naiv. Ungewappnet in ein Gebiet, das erst seit 600 Jahren zwangschristianisiert ist. Ich könnt' Ihnen einen Vortrag ...

Hubert
Um Gottes Willen!

Helene
Entschuldigung. Vielleicht einen Witz? Zwei Letten sitzen beim Angeln. Nach einer Stunde fragt einer: „Schon was gefangen?" Nach einer weiteren Stunde antwortet der andere: „Sind wir hier zum Angeln oder zum Diskutieren?" (Sie lacht.) Sie müssen wissen, dass die Letten oder waren das die Esten ähnlich wie die Finnen - Estnisch oder war das Lettisch, und Finnisch sind sehr verwandt - keine indoeuropäischen Sprachen, dass also beide sehr, extrem ...

Hubert
Ich kenn auch einen. Mein Lieblingswitz: Kommt ein Zyklop zum Augearzt! (Er lacht sich kaputt.)

Helene
Häh?

Hubert
Kommt'n Zyklop (Schließt die Augen, deutet ein Auge auf der Stirn an.) zum Augearzt!
(Sie schaut ihn an, schüttelt den Kopf, steht auf und humpelt davon.)
Oh Gott!

Helene
Sehr komisch! Wirklich, sehr komisch!

2. Kaunas (beide allein)

Hubert

Kaunas, Kaunas, Kaunas! Kaunas: ein gottvergessenes Kaff, eine verdammte Geisterstadt mit 390 000 Einwohnern. Liegt? In Litauen! Die haben dort die Angewohnheit, an alle Fremdwörter ein -as anzuhängen. Restauranas, Friseras, Telefonas, Apothekas und so. Da würd' ich dann Hubertas heißen und sie (lange Pause) Helenas ... Helenassa oder so, ist ja egal. Der Kellner (abschätzig) jedenfalls hieß Edgaras, also Edgar und war eine Superpfeife. Ein echter Arsch mit Ohren! Mehr als zwei Teller auf einmal konnt' er nicht tragen. Wie der gerannt ist, wie der geschwitzt hat. Was ich ja wiederum schön fand war, dass in das Bier, dass er Rüttgers (spricht den Namen mit dem S-Fehler, sehr lange Pause!), dass er also Rüttgers gebracht hat, dass er in dieses Bier seinen völlig verschwitzten Daumen, an dem auch noch Essensreste klebten, getaucht hat, weil ihm sonst das Glas vom Tablett gekippt wäre. Hat's ihm dann hingestellt. Rüttgers hat sich bedankt und gleich das halbe Glas reingekippt. Draußen 35 Grad im Schatten! Er hat dann gehustet wie ein Maultier. Wahrscheinlich ist ihm der Essensrest von Edgaras Daumenas im Halsas stecken geblieben.

Helene

Zuerst war ich enttäuscht, nein nicht von der Stadt, die Reiseleiterin, eine Litauerin, hatte uns aufgeklärt. Vonwegen habe Kaunas „eine der schönsten Altstädte im Baltikum". Das sei ein Fehler im Reiseführer, das Gegenteil sei der Fall. Nein, enttäuscht war ich vom Hotel, war ja schließlich keine Discountreise. Gegenüber ein Schrottplatz, streunende, räudige Katzen, abgerissene Trinker, die durch die Straßen torkelten. Das Hotel ein alter Backsteinbau, ehemalige Fleischfabrik wahrscheinlich - es roch nach rohem Fleisch irgendwie - oder ähnlich profanes Gemäuer. Doch dann: ...

Hubert

... Das Hotel war der Hammer. Außen unscheinbar, richtig schäbig, innen aber dann loftmäßig oberchic. Roter Backstein, klare Linien, kein Schnickschnack, über dem Bett ein riesiges Bild und - was ich noch nie gesehen hatte - man konnte vom Zimmer direkt in das Badezimmer ...

Helene

... ein riesiges Gemälde, naja, einer Reproduktion, mindestens vier auf zwei Meter. Eine liegende Frau von Tamara de Lempicka, der „schönen Pariser Polin", schlafend im Bett, viel, viel weiße Haut, den Kopf in den Handteller geschmiegt, hohe slawische Wangenknochen, das Haar wie breite, gelbe, gewellte Hobelspäne, die dicken Lippen rot wie Blut ... die Augen geschlossen. Ich hab mich ausgezogen, ganz, alles abgenommen ...., mich hingelegt und das Bild angeseh'n. Dann hab ich mir gewünscht, dass dieser ... Banause , dass er neben mir, ... Auf einmal musste ich lachen, weil ich in diesem Moment seinen Zyklopenwitz verstanden hatte. (Sie lacht.)

3. Kaufhauskunst (beide)

Helene
Vorhin musste ich lachen. Ich konnte gar nicht mehr aufhören. Lange Leitung! Manchmal hab' ich das. Einmal hab ich eine Pointe kapiert, da saß ich mitten in einem Konzert. Die hätten mich beinahe, na ja ... war ja auch ganz schön störend ...

Hubert
Neuer Estenwitz?

Helene
Nein.

Hubert
Litauerwitz?

Helene
(Genervt.) Auch kein Lettenwitz. Nein, vorhin als ich auf dem Bett lag, und mir diese wunderbare Lempicka-Frau angesehen habe, ist der Groschen gefallen. Ich hab Ihren Zyklopenwitz kapiert.

Hubert
O, sorry, wenn ich gewusst hätte, wenn ich das gewusst hätte, dann ...

Helene
Quatsch, Sie werden es nicht glauben, aber ich mag solche ... Witze ...

Hubert

Dieser Kellner, eine Zumutung. Ich habe eine Aversion gegen dieses devote Gewerbe ... insgesamt. Welch eine gigantische Erniedrigung. Edgaras! Dieser Name. Müssen die an alles ein -as anhängen? Er kommt. Vorsicht!

Helene

Haben Sie auch ein Lempicka-Gemälde in Ihrem Zimmer? Ich meine, eine Reproduktion?

Hubert

Lempi ... was? Ach so, Sie meinen diese Frau. Ich kenn' die aus dem Kaufhaus, bloß nicht so groß.

Helene

Ah, ja!

4. Edgaras (allein)

Hubert

Sie hat vielleicht gekuckt. Dann kam Edgaras. Das wandelnde Kellner-Unglück auf zwei Beinen. Mit vier Tellern! Das konnte nicht gutgehen. Zwei Teller sind auf ihr ... Bein gefallen. Was für ein furchtbares Geräusch. Als wären sie auf der Stuhllehne gelandet und nicht auf einem Oberschenkel aus ... Fleisch. Sie hatte ein langes, weißes Kleid an. In den Tellern war Suppe. Die war jetzt auf ihrem Oberschenkel und machte das Kleid transparent. Man konnte, ich konnte das Knie ... gelenk sehen. Ganz kurz aber ganz heftig schoss mir das Bild aus dem Hotelzimmer in den Kopf und in die ... Lenden, ... als ich das Bein sah, um das sich das klatschnasse Kleid geschmiegt hatte. Sie schaute mich vollkommen entsetzt an. Ich hab' den Tisch so weit zu ihr rübergeschoben, dass sich die Tischdecke über ihr Bein legte. Dann sah ich Rüttgers, zirka Einssechzig, Kleidung beigebraun und kotzbieder. Er war aufgesprungen und stand jetzt dicht neben ihr. Sein Gesicht war puterrot, dazu das vergilbte Weiß seines Vollbarts, Oberlehrervollbart! Die Bäckchen glänzten noch heller als die weit aufgerissenen Augen - auch beigebraun übrigens. Der Mund stand offen. Er fing an zu sabbern. Er starrte dorthin, wo jetzt die Tischdecke über ihrem Bein lag. Dann sah er mich an, erschrak, wischte sich den Speichel aus dem Bart und sagte: „Sorry!" Und wie er das sagte, das versetzte mir einen

Schlag! Ich trat auf ihn zu und sagte: „Armes, kleines Luder du!" Er
schüttelte den Kopf.
Dann ging ich zur Toilette an der Pendeltür zur Küche vorbei. Als Edgaras
mit einem Eimer und einem Lappen herauskam, ließ ich ein Bein steh'n.
Da ist dann auch ein bisschen Blut geflossen. Ein schönes Bild: Kleinas
Edgaras fallas auf Fressas in Kaunas!

5. Laxativum (allein)

Helene
Kaufhauskunst! Die Lempicka, die Königin des Art Deco! Na ja, wenn ich
ehrlich bin, und ich bin immer ehrlich,.... Dieses Hotelzimmer in Kaunas!
Das Hotel in Tallinn war auch ... chic, finnische Schule sozusagen. Riga
sowieso! Aber in Kaunas war da diese Glaswand übers Eck, durch die
konnte man vom Zimmer ins Badezimmer schauen. Man konnte alles er-
kennen, etwas milchig verschwommen, aber erkennen konnte man alles.
Ich stellte mir vor, wenn ich, ohne alles im Bad vor dem Spiegel, so tuend
als wäre ich vollkommen und mutterseelenallein und er, der Banause,
Banausas!, würde durch die Scheibe mich sehen, weichgezeichnet von der
Milch des Glases. Es machte mich verrückt, dass - und das klingt jetzt
natürlich doof - ich mich selbst so nicht sehen konnte. Also machte ich ein
Bild mit Selbstauslöser. Stellte die Kamera auf die Minibar, drückte den
Knopf und huschte, ja huschte ins Badezimmer, so schnell wie möglich. Das
Bild hab ich mir dann auf dem Laptop angesehen, auf dem Bett - göttlich.
Die Lempicka-Frau mit ihren scharfen Kanten und harten Schatten und ich
wie hinter einem Schleier ...

Hubert
Gruppenreise, die erste! Sie werden bestimmt Anschluss finden, hat die
Reisebürotussi gesagt, so wie Sie dastehen im besten Alter. Im besten
Alter! Schleimspurtussi! Ich brauch keinen Anschluss! Ablenkung, viel
sehen, viel Action. Aber doch bitte keinen Anschluss. Wer bin ich denn?
Vierzig Leute im Bus! Gefühlter Durchschitt ca. 75! Infantile Mitläufer.
Streberhafte Beflissenheit überall. Wenn es hieß Abfahrt um 14 Uhr waren
alle bis auf mich und ... sie ... schon 10 Minuten vorher im Bus und haben
ganz, ganz böse gekuckt. Ich hab mir dann einen Heidenspaß daraus
gemacht immer punktgenau - auf die Sekunde fast - aufzukreuzen. Und sie
noch knapp hinter mir. Ließ sich nicht in den Bus helfen! Bin ich denn

behindert? Wir haben uns angegrinst. Das Getuschel dann: Die Bremser, die Zeitvergeuder, die Egoisten etc. pp. .
Einen mitsamt seiner Frau hatte ich gleich gefressen. Ich nannte ihn den hässlichen Bruder von John Malkovich. Der Typ war keine Dreißig, seine Frau fotografierte alles, was nicht bei Drei auf den Bäumen war. Er hatte einen Haarkranz! Einer von denen, die ihre Großväter verehren - young conservative - und gar nicht abwarten können möglichst schnell genau so alt zu werden. Er redete mit den Alten als wären sie seinesgleichen. Die fanden das toll. Am schlimmsten war sein ausgestelltes Schwäbisch. „Eschtland fand i am beschde! Liddaue Blatz zwej. Leddland kannschd eh vergesse bis auf Riga -effentwell!" Ein Witzbold mit unerschöpflichem Repertoire. Alfred und Annette!
Alfred hab ich ein Laxativum in Riga kurz vor der Abfahrt ... in seine Wasserflasche. Hatte einen Moment nicht aufgepasst, John Malkovichs ugly brother. Gelitten! Kurz vor Pärnu rannte er nach vorne zum Busfahrer und dann geradewegs in ein Maisfeld. Die Geräusche! Igitt! Als er wieder rauskam, standen die Alten vor dem Bus wie die Geier. Alfred hatte seine Hände hinter dem Rücken versteckt, bis er endlich eine Pfütze fand. Die Alten starrten ihn an, wie er panisch seine Hände wusch, und Rüttgers sagte: „Manus manum lavat. Oder besser vielleicht: Manus anum lavat!" Zirka Drei haben gelacht.

6. Amilo-Tango (allein)

Helene
In Tallinn in der Viru-Straße, die aus der Altstadt zum Hotel führt, saß er vor der Tangobar „Helsinki", der Banausas Hubertas ....
Finnischer Tango. Man muss das erlebt haben. 2004, Tampere mit Ryan-Air übers Wochenende. In der Tangobar bei schummrigem Licht - all die blassen Finninnen und Finnen - schoben sich die Paare mit exzellent-todtraurigen Gesichtern übers Parkett. Kein Lächeln, paar Worte nur, geflüstert, mit verschwörerischen Insiderblicken und ab und an umherfliegenden Augen.
Nennen wir ihm Mikka........ Ein semmelblonder, schlitzäugiger Bilderbuchfinne; breites, teigiges Gesicht, Wangenknochen am Nordpol fast. In den meerwasserblauen Augen der Schmerz der großen weiten Welt. Wir tanzten die ganze Nacht, die ganze finnische Mittsommernacht, Mikka und ich. Wir tanzten und tanzten und tanzten. Die Beine süß und

schwer vom Tango.

Ich glaube, wir - nennen wir ihn Mikka - und ich haben in dieser Nacht das ganze verdammte Finnland durchtanzt. ....
Ich bin dann in die Bar ... und Hubertas Banausas hinterher.

Hubert

Ich hab Sie gesehen, wie sie in diese Tangobar ist. Finnischer Tango in Estland, dach te ich, was soll denn das schon wieder. Ich bin aber dann trotzdem rein. Ich steh' eher auf Popmusik, die superlegendären Sechziger, da war ich blutjung: die genialen Beatles, die heillos überschätzten Stones, die todtraurigen Doors, die schrulligen Kinks und wie sie alle hießen. In einer Musikzeitschrift machen die immer so Starportraits mit der Frage: Steher oder Tänzer? Da fragen sie die Stars, ob die, wenn sie auf einem Konzert - als Besucher mein ich - sind, tanzen oder nur so rumstehen würden. Seit, ich glaube, Noel Gallagher von Oasis, gesagt hat: Ich bin Wipper, haben sie die Frage geändert. Steher, Wipper oder Tänzer hieß es dann. Danach gab's dann ganze Generationen von Wippern. Gunter Gabriel zum Beispiel. Oder war der Steher? Egal! Ich würde da sicherlich Wipper angeben. Tanzen find ich egomanisch-angeberisch. Wippen, ja. Das geht sozusagen automatisch. Aber zur Tangomusik wippen, ich weiß nicht.

Helene (beide)

2007 habe ich in einer Tangobar in Tampere - wie das klingt Tangobar in Tampere - die ganze verdammte Nacht durchgetanzt. Mit einem schwarzhaarigen Finnen mit noch viel schwärzeren Kohlenaugen. Pekka hieß er. Ich glaube, wir sind in dieser Nacht, und die, es war Winter, hat von 15 Uhr bis 10 Uhr am nächsten Morgen gedauert, durch das ganze verdammte Finnland getanzt.
Wir könnten tanzen. Meinen Sie nicht, dass wir ...

Hubert

Sorry, ich bin Wipper.

Helene

Ach, war das schön. Und da hab ich begriffen, was Tango ist: Tango ist Schwermut light! Eine schöne, weil nämlich nur leichte Schwermut. Keine Depression. Leicht im Sinne von beschwingt.

Hubert

Wenn ich bei einer Umfrage ankreuzen müsste Steher, Wipper oder Tänzer, würde ich Wipper ankreuzen.

Helene

Durch das ganze verdammte Finnland sind wir in dieser Nacht getanzt. Und Finnland ist groß: 338.144,53 km²! Fast so groß wie unser beider Heimatland.

Hubert

Es sind zu viele Alte dabei. Auf dieser verdammten Reise. Das macht einen schwermütig und manchmal wütend.

Helene

Ja schwermütig. Schwermütig und sehnsüchtig. Helsinki, Tampere, Tallinn, Buenos Aires. Im Tango sind sich Finnen und Argentinier näher als zum Beispiel sagen wir mal Oberfranken und Unterfranken. Man stelle sich das vor. Schwermut light, ... aber dann wurden mir die Beine doch etwas schwer nach Stunden.

Hubert

Die Beine? Sorry.

Helene

Wieso sorry?

Hubert

Zu viele Alte! Überall sind sie. Am ältesten von allen, obwohl noch keine Dreißig, Malkovichs hässlicher Bruder Alfred. Mit Ende Zwanzig hat man doch bitteschön heutzutage keinen Haarkranz mehr. Da muss alles ab. Die meisten Mode-Glatzenträger haben doch eh volles Haar. Und die Brillenträger haben Augen wie die Weißkopfadler.

Helene

Mikka ...

Hubert

Mikka?

Helene

Ich meine Pekka ... hätte keine Glatze gestanden. Er hatte dieses typisch finnische Haar, semmelblond, hauchdünn und porzellanglatt ...

Hubert

Gehen Sie mal am Samstag Nachmittag durch eine x-beliebige deutsche Fußgängerzone. Was sehen Sie da? Überall! Überall eklig aufgehübschte alte Männer, Hand in Hand mit ihren solariumgebräunten, faltigen Gattinnen. Alte Männer mit pinkfarbenen Polohemden und halblangen Caprihosen, lächerlich - dazu Sneakers, natürlich ohne Socken. Das finden die faltigen Gattinnen sexy!

Helene

Mikka hatte - aber das war mir in dieser Nacht, in dieser rauschenden finnischen Nacht sowas von schnurzpiepe - weiße Tennissocken an, mit der finnischen Flagge an den Seiten. Die hing schlaff an seinen unbehaarten weißen Beinen, weil der Gummizug ziemlich ausgeleiert war. Ziemlich ist eher untertrieben, ich würde fast sagen: total ausgeleiert.

Hubert

Mir schwebt da etwas vor, schon seit langem. Ein Fotoband mit dem Titel AMILO ...

Helene

(Immer lauter werdend.)
Sagten Sie Amelo? Haben Sie jetzt eben Amelo gesagt? Hab ich richtig gehört? Sagten Sie das? Dieses ... Wort?

Hubert

(Zu Tode erschrocken!) Nein, ich meinte A M I L O. Alte Männer in lächerlichen Outfits. A M I L O! So würde ich den Fotoband nennen. In Farbe natürlich.

7. Witzigkeiten (beide)

Helene

Die erzählen sich Witze. Der junge Mann mit dem lichten Haar und der pensionierte Oberstudiendirektor haben sich in einen regelrechten Witzerausch hineingeredet, hier in dieser geschmacklosen Mittelalter-Kaschemme. Dazu Rotwein aus Weißrussland. Mir ist der Appetit vergangen.

Hubert

Malkovich und Rüttgers.

Helene

Woher wissen Sie?

Hubert

Ich hab sie so genannt. Der Junge sieht aus wie John Malkovichs hässlicher Bruder, finden Sie nicht auch.

Helene

Jetzt wo Sie's sagen. Sie erzählen Witze über deutsche Volksstämme.

Hubert

Ich hör nicht mehr so gut. ... Annette im kleinen Weißen, die Mittelaltergrütze emsig und gerecht auf dem Ausschnitt verteilt und Alfred Malkovich gibt heute Abend den Papagei: giftgrüne Hose, kanariengelbes Hemd, darüber Designerbrille und über allem schwebt wie ein Heiligenschein der schüttere Lorbeerkranz ...

Helene

Natürlich - die Bayern. Haben Sie die Pointe gehört? „Ich mag's zwar net die Preißn, aber technisch begabt sans scho!" Cool! Richtig cool! (Lacht.)

Hubert

Rüttgers und die riesige Gattin gewohnt beigebraun getarnt. Ihn hab ich Rüttgers genannt, weil er so spricht wie der ehemalige Ministerpräsident von NRW. Als hätte er einen Fremdkörper im Mund. Feuchte Aussprache - im Volksmund.

Helene

„Ich mag's zwar net die Preißn, aber technisch begabt sans scho!"
Wahnsinn!

Hubert

Ein s-Fehler! Sigmatismus lateralis. Sigmatismus lateralis. Der Luftstrom
gleitet seitlich an den Zungenrändern vorbei, reibt sich an diesen und das
erzeugt dieses perverse Geräusch. Dieses feuchte Blubbern ... Ich kenn
mich aus ....

Helene

Schade, dass Sie nicht mehr so gut hören, ... wieder die Bayern! „Was ist,
wenn der letzte Österreicher gestorben ist? Dann sind wieder die Bayern
die Deppen!" O o o!!

Hubert

Ich war auch mal so ein lateraler Sigmatist. Später mühsam umtrainiert.
Manchmal passiert mir ein Lapsus. In der Schule die Hölle. Der
Mathelehrer hat mich ab und zu gerne mal vorgeführt. Musste Spezi-
alzahlen vorlesen, z.B.
777 777 777 777! Oder das Ganze mit der 6!

Helene

Der von dem jungen Mann war aber jetzt gemein. Die armen Sachsen ...

Hubert

Sie meinen Malkovich ...

Helene

Ja, seinen hässlichen Bruder ... „der lieschd neben der glein' Gaffeganne..."
Fies!

Hubert

Ich hab das Spiel mitgespielt. Der Mathelehrer ging ja noch. Der hat sich
dann auch bei mir entschuldigt. „Kleiner Scherz, Hubert. Bei mir wird jeden
Tag mindestens einmal gelacht! Wo kämen wir denn hin! Ha ha ha!"
Joviales Schulterklopfen - jedes Mal. Extrem witzig!

Helene

Wie der lacht, und puterrot ist er, dieser, der Oberstudiendirektor, wie haben Sie ihn gleich nochmal genannt? Wie der mich anstarrt! Wo doch seine Frau neben ihm sitzt. Sieht aus wie ein Zwerg neben ihr! Fehlt nur noch die Zipfelmütze.

Hubert
Rüttgers!

Helene
Richtig! Der Haarkranz macht den Markowitz ..

Hubert
Nein, Malkovich! Der Schauspieler John Malkovich, dieser dämonische ...

Helene
Ach so, ... macht diesen Malkovich mindestens 20 Jahre älter. Sowas trägt man doch heute nicht mehr bitteschön ... „der lieschd neben der glein' Gaffeganne..." Den Dresdner Stollen hat er gemeint! „der lieschd neben der glein' Gaffeganne..." Eigentlich fies! Richtig fies!

Hubert
Schlimmer war der Deutschlehrer. Kampmann (zackig). Gleich am ersten Tag hat er mich „entdeckt". Spießrutenlauf: Statistik für den Jahresbericht! Beruf des Vaters! Bei den anderen kam: Postbeamter, Lehrer, Rechtsanwalt, Arzt.
Ich hatte mir eine eigene Sprache gebastelt. Alle Wörter ohne s-Laute. Mein Tagebuch: kein einziger s-Laut! Aber meine Mutter war nicht berufstätig, mein Vater verstorben, als ich ein halbes Jahr alt war, ... also Hausfrau. Nur ein S! Leider eins zuviel!

Helene
Also dieser ..., wie heißt er gleich nochmal, Sind Sie bloß zufrieden, dass Sie nicht mehr so gut hören ..., wie war sein Name ...

Hubert
Malkovich! Wie der Schauspieler ... „Being John Malkovich, 1999" ...

Helene
Dieser Malkovich ist richtig fies. Jetzt sind die Rheinländer dran. „Warum hat Ulla Schmidt immer diese dicken Röcke an?" ...

Hubert

Ich sagte also Hausfrau, sehr schnell, bewusst etwas unscharf, verhuscht.
Er aber: Wie bitte? Und solche Ohren! - Okay, Hausfrau, sagte ich. Alle
lachten. Kampmann schlug mit der flachen Hand auf das Pult. Da war Ruhe,
und er sagte feierlich: Endlich hab ich ihn! Meisterhaft! Vorbildlich!

Helene

Ich kann mich gar nicht erinnern, dass die immer dicke Röcke trug ... Jetzt
hab ich die Pointe nicht vestanden. Wird wieder sowas gewesen sein ...

Hubert

Sie sind der Kellner, sagte er. Ja, der ideale Kellner! (Zu ihr.) Sie kennen
doch die Kurzgeschichte von Wolfgang Borchert „Schischyphusch oder der
Kellner meines Onkels". Beide haben diesen Sprachfehler, ...

Helene

„... weil sie sonst ihre dicken Beine ..."? Dieser Rüttgers spricht so
undeutlich, so feucht und blubbernd, ekelhaft ... Schade!

Hubert

Kampmann las den Onkel mit einer grauenhaften Sigmatismus-Parodie.
Anstatt s sagte er einfach sch. Seine Zungenränder kamen dabei überhaupt
nicht ins Spiel.

Helene

Hat die überhaupt dicke Beine? Ist doch eine attraktive Frau ... Wie der,
wie heißt er gleich, Entschuldigung ...

Hubert

keine Ursache, Malkovich ...

Helene

Danke! Wie dieser Malkovich lacht. So richtig gehässig! Und wie dieser
Direktor mich anstarrt! Widerlich, wie der sabbert!

Hubert

Ich war der Kellner. Hab richtig Karriere gemacht. Vortrag zu Schulbeginn,
vor anderen Klassen, in denen Kampmann (zackig) unterrichtete, bei El-
ternabenden, bei der Schlussfeier usw. Der Höhepunkt: «Bitte schehr.

Wenn Schie schehen wollen. Schtellen Schie höflichscht schelbscht fescht.
Mein Pasch. In Parisch geweschen. Barschelona. Oschnabrück, bitte
schehr. Allesch ausch meinem Pasch schu erschehen. Und hier:
Beschondere Kennscheichen: Narbe am linken Knie. (Vom Fußballspiel.)
Und hier, und hier? Wasch ischt hier? Hier, bitte schehr: Schprachfehler
scheit Geburt. Bitte schehr. Wie Schie schelbscht schehen!»
(Hat sich fürchterlich hineingesteigert.)

Helene
Was ist mit Ihnen los? Was haben Sie? Dieser ....

Hubert
Malkovich ... ich meine Malkovich ...

Helene
Dieser Malkovich ist ein richtiges, ich sag's jetzt einfach mal frei von der
Leber weg, ein richtiges Schwein ... und dieser Rüttgers um keinen Deut
besser ...

Hubert
Moment, ich mach das schon ... (Er steht auf und geht zum Tisch der
beiden hinüber.) Eine schwäbische Bergwandergruppe fällt in eine
Gletscherspalte. Nach einer Stunde ruft's von oben. „Achtung, Achtung,
hier spricht das Rote Kreuz!" Da tönt's von unten im Chor zurück: „Mir
gäbet nix!"

Helene
Der ist gut. Der ist sehr gut! Wie der Markowitz lacht! Hat der den Witz
nicht verstanden. Der ist doch selber Schwabe. Der hört ja gar nicht mehr
auf! Wiehert wie ein Pferd! Ordinär! Ekelhaft! Hat der sich verschluckt?
Hubertas schlägt ihm auf den Rücken. Doch der hört einfach nicht auf zu
husten. Er schlägt weiter. Jetzt hört er endlich auf. .... Es geht ja schon
wieder los! Aber doch nicht so fest. Warum schlägt er so fest. Der hustet
doch gar nicht mehr! Warum hört er nicht auf zu schlagen?
Der schlägt ihn ja tot.

8. Alleinstellungsmerkmal

Hubert (allein)

Ich konnte nicht mehr aufhören. Diese Husterei, gleichzeitig hat er gelacht, sich wahrscheinlich gedacht: „Ja, so sind wir Schwaben nun mal! Wir können sogar über uns lachen, weil Geiz is ja geil, das wussten wir schon immer!" Dazu das Gehechel und Geblubber von Rüttgers: Wahnsinn! Super! Unfassbar! Ein gigantischer Witz. Der Sabber tropfte in seinen Oberlehrerbart, die Bäckchen glänzten, das Bier hatte ihn tollkühn gemacht: „Na Sie kleiner Shaker, ham sie's ihr besorgt, unserer charmanten Kollegin mit dem Alleinstellungsmerkmal?" Wenn mich die beiden ... Kellner ... nicht weggezogen hätten, hätte ich Malki totgeschlagen. Und nicht nur ihn ...

9. Das Bein (allein)

Hubert

Sie hatte das Zimmer 402. Die Tür stand einen Spalt breit offen. Ich blieb stehen und lauschte. Sie summte vor sich hin. Auf der Minibar stand eine kleine Kamera auf zwei Büchern? Ich drückte die Tür auf. Ihre Kleider lagen ordentlich zusammengefaltet auf dem Bett. Das ...... Bein ... lehnte am Nachttisch. Es war aus beigebraunem Kunststoff. Das Kniegelenk aus schwarz glänzendem Metall mündete in einen kurzen Oberschenkelschaft. Unten steckte das Bein in einem Schuh. Der zweite stand daneben. Ich schlüpfte in das Zimmer. Über dem Bett hing das Bild, von dem sie so geschwärmt hatte. Die Frau auf dem Bild sah ihr ähnlich. Sie stand, mit dem Rücken zu mir, vor dem Spiegel im Badezimmer und summte leise vor sich hin. Die Milchglasscheibe zeichnete ihre Figur so weich wie Samt, aber man konnte alles erkennen. Sie stand auf dem rechten Bein, den ... Stummel des linkes Beines hatte sie lässig auf dem Waschbecken abgestützt. Durch den Druck bildeten sich große weiche Falten im Fleisch. „Sie werden bestimmt schnell Anschluss finden", hatte die Tussi gesagt. Jetzt wusste ich, ... jetzt wusste ich, ... dass sich die Reise gelohnt hatte.

Helene

Er würde mich ansehen und nichts dabei denken. Einfach nur ansehen. Ich würde summen, mir die Lippen rot anmalen und er würde mich ansehen. Ich würde mich elegant drehen, mit ganz, ganz kleinen Trippelschritten, wie eine Ballerina. Und ich würde ihn dann sehen, wie er da ... wie ein dummer Junge ... hinter der Scheibe steht, mit offenem Mund und großen Augen. Aber ich würde ihn nicht ansehen. So als wäre er gar nicht da. So als wäre er niemals dagewesen. Dann hätte sich die Reise für mich gelohnt. Vollends gelohnt.

Hubert
Dann war plötzlich der Alte da, den ich Rüttgers getauft hatte ... Er starrte sie an mit offenem Mund, dann sah er mich, schaute wieder sie an und wieder mich und ging dann rückwärts aus dem Zimmer. Ich erwischte ihn auf dem langen Flur. Ich packte ihn am Kragen, legte ihm die Hände um den Hals, drückte zu und sagte: „Schyschifusch, mein armes, kleines Luder, du hast nichts gesehen! Gar nichts"
Und er: „Nein selbstverständlich hab ich nichts gesehen - selbstverständlich gar nichts! Überhaupt gar nichts!" Ich ließ ihn los, aber er musste postwendend wieder in ihr Zimmer zurückgelaufen sein.

10. Rüttgers Club (allein)

Helene
Ich hörte ein Geräusch. Ich schraubte den Lippenstift zurück und verschloss ihn. Dann drehte ich den Kopf langsam nach hinten. Ich war aufgeregt. Wie ein kleines Mädchen. Hinter der Scheibe stand nicht der Banausas. Es war der Oberstudiendirektor mit dem Nikolausgesicht. Er öffnete die Badezimmertür. Er weinte. Ich sah ihn im Spiegel. Er legte einen Zettel auf die Ablage, verneigte sich tief und ging.

Hubert
Ich hörte eine Art Schaben an meiner Tür. Später war ich mir nicht mehr sicher, ob da überhaupt ein Schaben war. Siebter Sinn? Ich schaute durch den Spion. Sie stand da und wartete. Einen Moment später tauchte Rüttgers auf. Er trug ein knallrotes Hemd und viel zu enge weiße Jeans, sahen aus wie Strumpfhosen. Lächerlich! Er zitterte. Sie ging voran und er hinterher. Als sie um die Ecke gebogen waren, bin ich ihnen gefolgt.
Sie standen in einer dunklen Ecke des riesigen Kellers neben einer Eisentür. Es roch penetrant nach Katzendreck. Ich schlich mich so nahe wie möglich heran. Er redete auf sie ein. Sie nickte. Dann zog sie ihr Kleid vorne hoch

und klemmte den Saum unter ihr Kinn. Rüttgers kniete sich vor sie hin und
ließ die Arme hängen. Mit routinierten Bewegungen nahm sie das Bein ab.
Rüttgers stöhnte und fuhr mit zitternden Fingern über den Stumpf. Er
streichelte ihn, dann küsste er ihn und leckte ihn ab. Sein kleiner, alter
Körper bebte. Den Kopf schob er immer weiter nach oben. Er schmatzte
laut. Sie nahm das Bein, holte aus und schlug zu. Rüttgers kippte nach
hinten weg. Blut lief in seinen lächerlichen Nikolausbart und färbte ihn
langsam rot. „Ich bin ein armer, kleiner Amelo mit einer großen, gesunden
Frau", sagte er, „du darfst mir nichts tun, du kannst alles von mir haben,
alles." Sein Mund sah seltsam verrutscht und schief aus. Sie legte ihr Bein
wieder an und half ihm hoch. Er taumelte gegen die schwere Eisentür. Sie
packte ihn am Kragen und schlug seinen Kopf gegen die Tür. Dann stieß sie
ihn in den dunklen Kellerraum. „Amilo, meinen Sie sicher, nicht Amelo!"
sagte sie.
Sie schloss die Tür und ging.
Ich setzte mich. Den Rücken lehnte ich an die Wand neben der Eisentür.
Als das Stöhnen und Kratzen endlich aufgehört hatte, drehte ich den
Schlüssel zweimal nach links und warf ihn hinter einen Schutthaufen. Der
reichte fast bis zur Decke. Dann ging ich auch.

11. Tango in Tallinn (beide; finnische Tangomusik.)

Helene
Ach, der Tango. Alles hier erinnert mich an Tampere, zweitausend ... äh ...

Hubert
2007 mit Ryan-Air übers Wochenende ...

Helene
Sag ich doch. Als ich mit ... äh ...

Hubert
Pekka oder Mikka?

Helene
Egal, sagen wir mit Pekka in der Tangobar in Tampere durch das ganze,
verdammte Finnland ... und Finnland ist groß ... äh ...

Hubert

... 338.144,53 km²! Fast so groß wie unser ...

Helene

... beider Heimatland. Wenn ich Sie nicht hätte. Ich bin heute so wunderbar aufgekratzt ... Wissen Sie übrigens wie Kaunas auf Litauisch heißt?

Hubert

Jetzt bin ich aber gespannt.

Helene

Ganz einfach: Kaunasas! (Beide lachen lange.)
Ooooh! Man müsste jetzt tanzen. Man würde keinen stören. Alle sind in sich versunken. Keiner würde uns sehen. Niemand.

Hubert

Ich bin Wipper, Gott sei ... , sorry ich meine: leider Gottes.

Helene

Das hatte ich ganz vergessen, Entschuldigung.

Hubert

Keine Ursache. Es ist schön hier ... mit Ihnen. Und einem Pekka oder Mikka könnte ich das Wasser ohnehin nicht reichen. Und dann noch durch ganz Finnland ...

Helene

Sie sagen es und wenn ich es recht bedenke, bin ich heute abend etwas ... indisponiert ... sozusagen. Mein .... Bein, wissen Sie ..., mein linkes Bein. Keine Schmerzen, im Gegenteil, ich spür es kaum, als ob ... da würd' es Ihnen wenig Spaß machen, mit mir zu tanzen ... nicht wahr ....?

Hubert

Keinesfalls! Wenn ich Tänzer wäre - nur mal so angenommen -

Helene

Okay, nur mal so angenommen ja, ..., was wäre dann?

Hubert

- und nicht Wipper, würde ich durch das ganze verdammte geballte Baltikum tanzen mit Ihnen. Sie könnten Ihren linken Fuß auf meinem rechten Fuß abstellen, dann würde es gehen. Aber da ich Wipper bin, erübrigt sich das ohnehin ... wir sitzen hier, hören dem finnischen Tango zu und tanzen in Gedanken mit den Esten durch das ganze, verdammte Baltikum. Von Vilnius über Kaunas nach Klaipeda, Riga und zurück nach Tallinn.

Helene

Wenn es nicht kitschig wäre, würde ich sagen „Das haben Sie aber schön gesagt."
(Sehr lange Pause.) Wollen Sie mal ... ich meine ... wollen Sie mal fühlen, mein … malades Bein ... (Sie nimmt seine Hand und führt sie zu ihrem Bein.) Fühlen Sie das? Es ist so malade, dass ich Ihre Hand kaum spüren kann.

Hubert

Ja, das Bein scheint heute ziemlich schlimm. Da ist es ein wahrer Glücksfall, dass ich Wipper bin und kein Tänzer. ... So können wir hier sitzen und miteinander reden. ... (Sehr lange Pause.)
Ich habe Kampmann übrigens, nachdem er mich ein Jahr lang vorgeführt hatte, wie einen Zirkusaffen, ... ich habe ihm auf einer Klassenfahrt nach Münster, dort steht dieses unsägliche Wolfgang-Borchert-Theater, wir hatten da einen kleinen, peinlichen Auftritt, da hab ich ihm einen ebenfalls kleinen Schubs gegeben. (Er fasst sie an beide Schulter.) So etwa, ganz leicht. Keiner hat's gesehen. Dann war der Bus da. Im Fallen hat er mich angeschaut, mich den Kellner, das arme, kleine Luder. Dann war nur noch der Bus da. Riesengroß, blutrot und tonnenschwer. Und keiner hat's gesehen. (Sehr lange Pause.)

Helene

Rüttgers ist übrigens auch weg. Auch ein Todesfall......... In der Familie! Abgereist, überstürzt. Armes, kleines Luder. Armer, kleiner Amilo. Ich finde, man kommt auch ohne ihn aus. Finden Sie nicht?
Hubert
Durchaus auch ohne ihn! Jetzt ist nur noch Malkovichs urhässlicher, schwäbischer Bruder Alfred da. Wer weiß, wie lange?

Helene

Ja, ja, wer weiß schon, wie lange?

Hubert

Ja, wer weiß das schon so genau?

Helene

Lassen Sie doch Ihre Hand auf meinem Bein. (Sie schließt die Augen.) Ich kann sie jetzt schon spüren. Ich glaube, es wird besser.

Hubert

Ja, viel besser. (Sehr lange Pause. Musik.) Wissen Sie übrigens, wie Kaunasas auf Deutsch heißt?

Helene

Kaunas? (Beide schütten sich aus vor Lachen. Die Tangomusik wird zunehmend lauter.)

Hubert

Mikka!

Helene

Pekka!

Hubert

Lilie ...

Helene

Litauen, Lettland, Estland - Wow!

Helene

Kommt'n Zyklop ...

Hubert

... zum Augearzt!

Hubert

Alte Männer ...

Helene
... in lächerlichen Outfits

Hubert
Rotwein ...

Helene
... aus Weißrussland

Hubert
Tango in Tallinn!

Helene
Tango in Tampere!

Hubert
Baltikum...

Helene
... geballt!

Hubert
Ja, wer weiß das schon so genau?

Helene
Genau!

- Ende -

Britpop - Feincord, dunkelblau

Ein Stück mit Live-Musik

Uraufführung 2013 | Stadttheater Aschaffenburg

Die Rollen sind doppelt besetzt.

robert (der junge Robert) /Robert (der alte Robert)
Alwin/Flo
Ramona/Gitti

Wenn **robert** in der Vergangenheit spielt, trägt er eine Che-Guevara-Mütze.

Wenn **Alwin** den **Flo** spielt, trägt er eine Nerd-Hornbrille.

Wenn **Ramona Gitti** spielt, trägt sie einen Pferdeschwanz oder Zöpfe.

Bühne
Auf dem Boden sind in Weiß die Umrisse eines verunfallten Körpers gezeichnet. Auf die Opera ist projiziert/geklebt: Paris oder so ...

I.Intro

Robert
(Ans Publikum gewandt. Eindringlich!)
Ihr alle kennt die wilde Schwermut, die uns bei der Erinnerung an Zeiten des Glücks ergreift. Wie unwiderruflich sind sie doch dahin, und unbarmherziger sind wir von ihnen getrennt als durch alle Entfernungen. Und immer wieder tasten wir in unseren durstigen Träumen dem Vergangenen in jeder Einzelheit, in jeder Falte nach ....

(Der Riff von „You really got me" geht über in die Geräusche eines bremsenden Autos, dann ein lauter Crash! Alwin fällt auf die Bühne. Stroboskoplicht. Er legt sich/Man legt ihn in die Umrisszeichnung. Stroboskop aus, Spiellicht. Alwin steht auf und wird zu Flo.)

Robert/Ramona/Flo
(Stehen zusammen und singen DAYS. Die Musiker fallen ein.)

Musik: Days von den Kinks

BLACK

II. Korrekt!

Robert
Es war an einem wunderschönen Sommerabend, und wir saßen am Bahndamm. Die Sonne hing schon bedrohlich tief am Horizont und unsere letzte gemeinsame Kippe stank verdächtig nach verbranntem Filter.
Na ja, wir saßen also am Bahndamm, und dann kam ein entscheidender Satz von Alwin. Er sagte, wobei er den letzten Zug unserer gemeinsamen HB kunstvoll und konzentriert bis in die Haarspitzen vom Mund in die Nasenlöcher gleiten ließ

Alwin
Wir müssen weg von hier, nach Paris oder so, jedenfalls weit weg, endlich mal raus hier, aus diesem Scheiß-Kuhkaff! Hast du das kapiert?

Robert
Und während er das sagte, kam im Rhythmus seiner Worte der blaue HB-Rauch aus Mund und Nase, was dadurch, dass er im Profil vor der sinkenden Sonne saß, einfach umwerfend aussah. ... Die wilde Schwermut halt!

robert
Wieso denn ausgerechnet Paris?

Alwin
... oder so!

robert
Warum nicht London oder Kopenhagen oder Liverpool oder so (!) ...

Alwin
... oder so? Das werd ich dir jetzt verklickern. Ich meine, falls das überhaupt in dein kleines, verwinkeltes, staubtrockenes Gynias ?... äh ... Gymnia ... äh ... Gynasia s... Scheiße!

robert
Ganz langsam, erst die großen Buchstaben und dann die kleinen ... Gymnasiasten oder so? Oder?

Alwin

... in dein Oberschulhirn geht, mein' ich! Bei wem kaufen wir die Fahrkarten? Einmal darfst du raten!

robert

... äh, die Fahrkarten nach Paris oder so, meinst du?

Alwin

Richtig geraten. Beim Meier! Oder?

robert

... äh!

Alwin

Was meinst du, was der wohl fragt, wenn wir sagen: Zwei Fahrkarten nach Paris und zurück, bitte?

robert

Keine Ahnung!

Alwin

Zwei FahRkaRten nach PaRis Retour, PaRis in FrankReich? KoRRekt?

Robert

Der alte Meier. Bahnhofsvorstand. Ein Mann mit einem begnadeten R-Fehler. Alwin und ich waren R-Fehler Spezialisten. Der alte Meier sprach ein sozusagen akzentfreies Zungenstolper-R! Das muss man sich so vorstellen, dass die Zunge gegen die oberen Schneidezähne ankämpft, sozusagen raus will aus der Mundhöhle, aber nicht kann, weil da halt die Zähne sind, über die sie immer wieder stolpert! PaRis in FrankReich? KoRRekt?

robert

KoRRekt! PaRis in FrankReich! Oder so!

Alwin

Na also, bist ja gar nicht so doof wie du aussiehst!

Robert

Um das gleich vorwegzunehmen, wir sind tatsächlich nach Paris gefahren, obwohl wir niemals angekommen sind. Aber das ist vollkommen unwichtig, vollkommen belanglos. Wichtig ist nur, dass wir gefahren sind, besonders für Alwin.

Musik: Bittersweet Symphony von The Verve

III. Kokosmilch und Sternenhimmel

robert
Wie Robinson, meinst du? Und ich wüsste nicht, ob ich jemals von dort wegkomme? Von dieser Insel?

Alwin
Also, welches Lied würdest du hören? Nur ein Lied!

robert
Junge, komm bald wieder von Freddy Quinn! Quatsch! Inchallah von Schnulzenfuzzy Adamo! Quatsch! Ramona von den Blue Diamonds! Du weißt es doch! Unser Lied halt. Is doch logisch, oder? Immer und immer wieder.

Alwin
(Wird plötzlich ganz ernst.) Ne, nicht immer und immer wieder! Nur einmal, nur ein einziges Mal! Nich´ immer und immer wieder! Das wär zu einfach! Nur ein verdammtes einziges Mal!

Robert
Damals war ich zwar perplex. Aber erst viel später - Jahre nachdem Alwin - ... viel viel später hab ich das verstanden. Diese Tragik, diese unendliche Tragik, die sich in diesem furchtbaren Dilemma verbirgt! Nur ein einziges Mal! Alwin, Volksschulabschluss, Schlosserlehre, der nicht einmal das Wort Gymnasiast aussprechen konnte. Das steckte also hinter seiner Coolness!

robert
An einem schönen Abend am Palmenstrand, am Lagerfeuer, mit gebratenem Fisch und Kokosmilch - da würde ich unser Lied hören und in den ungeheueren Sternenhimmel schauen ...

Alwin

(Sehr gerührt; vielleicht mit Tränen in den Augen.)
Nein! Nie würdest du unser Lied hören. Niemals auf dieser gottverdamm-
ten Insel! Weil du wüsstest, dass es dann das allerallerletzte Mal gewesen
wäre. Verstehst du? Und wenn du es nicht hörst, weißt du, hoffst du, dass
du es irgendwann vielleicht einmal hören kannst, aber nicht hören wirst,
weil es dann ja .... Verstehst du das, du Schlaukopf?

robert

Ja! Irgendwie schon, klar, aber, ... ich weiß nicht!

Robert

Und dann wurde ich auf einmal wütend! Ich bekam eine Riesenwut und
wusste eigentlich gar nicht, weshalb. Und dann hab ich ihn so furchtbar
blöde angemacht, so richtig scheiß arrogant!
... Alwin - verzeih mir! Bitte verzeih mir - ich hab dich immer bewundert.
Du warst so was von - heute würde man sagen - cool! Und ich nur ein blö-
der, eingebildeter Gymnasiumer. Und dann hab ich losgelegt.

robert

Is ja auch scheißegal mit deiner Scheißinsel! Vergiss deine blöde Insel!
Gymnasiast heißt das, ist denn das so schwer - und nicht Gymnasiumer!
Üben, üben, üben! Du schaffst es ja eh nie!

Alwin

Arschloch! Du würdest das Lied niemals hören, obwohl es deiner allergröß-
ter Wunsch wäre auf dieser Scheißinsel! Niemals, obwohl du lieber verhun-
gern und verdursten würdest, als auf das Lied zu verzichten ... Wahnsinn!
... Kokosmilch und Sternenhimmel! Arschloch!
Ich bin auf einmal so müde. Kommt wahrscheinlich von deinem blöden Ge-
laber. Meine Augen. Ich leg mich hin, nur 'n bisschen - nur 'n kleines biss-
chen. Okay?

robert

Okay, aber wirklich nur 'n kleines bisschen! Okay?

Alwin

Okay! (Er kuschelt sich in den Umriss und schließt die Augen.)

robert
(Er legt ihm die Hand auf den Kopf.)
SoRRy, mein FReund!

Musik: Driftwood von Travis

IV. Feincord, dunkelblau

Robert
Wir gingen in Herthas Bar, Alwin und ich, wie jeden Samstag. Da sollte es eine neue, blutjunge Bedienung geben. Ramona! Aber da war noch was, und das war der absolute Hammer!
Es war ein Farbfernseher, natürlich kein richtiger. Auf dem Bildschirm klebte eine Folie, ganz unten ein schmaler brauner Streifen für Erde, dann ein etwas breiterer für wahlweise Gras, Pflanzen oder beispielsweise Wald und die oberen zwei Drittel waren hellblau eingefärbt: für Himmel.

Alwin
Wahnsinn! Die Erfindung könnte von Daniel Düsentrieb sein. Ein Farbfernseher speziell für Naturfilme! Zum Beispiel eine Küstenlandschaft mit Schilfgürtel und ganz viel Himmel. Oder die afrikanische Steppe mit noch mehr Himmel obendrüber!

Robert
Naturfilm war aber nicht angesagt, sondern die Schlussetappe der Tour de France 1966! Zieleinfahrt in Paris! PaRies in FrankReich! KoRRekt! Und da tauchte am Ziel plötzlich der belgische Schlagersänger Adamo auf! Und wie der aussah! Nicht schlecht Herr Specht!

Alwin
Ey Robert, ey Mann, das ist doch der belgische Schnulzenfuzzy, das ist doch Adamo. Ey Mann, hat der ne Matte auf dem Kopf. Und die Mütze, Mann schau dir diese Mütze an!

robert

Eine Südstaatlermütze! Hat der Schnulzenfuzzy ein echte Südstaatlermütze auf! Aus Feincord!

Alwin

Feincord, dunkelblau! Wahnsinn!

Robert

Tiefblau natürlich, da sie im oberen Drittel des Bildschirms zu sehen war, und das Bild zitternd und wackelnd stehengeblieben war. Bildstörung! Welche Farbe sie in Wirklichkeit hatte, würden wir nie erfahren. Und vorne drauf blitzten zwei gekreuzte Messinggewehre!

Alwin

Feincord, dunkelblau! Wahnsinn! Die müssen wir haben! Du weißt, was das heißt? Du weißt, wo wir hinmüssen? Na?

robert

PaRis? PaRis in FrankReich?

Alwin

KoRRekt, mein Freund und Gymnasiumer, PaRis in FrankReich! PaRis sehen und steRben!

Robert

Ja, er sagte tatsächlich „Paris sehen und sterben"!

(Zu Alwin.) Was heißt hier sterben? Du Schwachkopf, wer redet hier von Sterben? Halt dein blödes Maul: gestorben wird hier nicht! Hier nicht! Das kannst du woanders machen, aber nicht hier ... Alwin! Hörst du mich! Nicht hier und nicht jetzt, Mann! Du bist 17, du Affe! Da quatschst du von Sterben! Maaaannnnn!!!

Alwin

Sag mal, spinnst du? Was ist denn los mit dir? Setz deine Mütze auf, du blöder Idiot! Siehst ja aus wie dein eigener Opa! Aber ehrlich jetzt! Was redest du bloß für `ne Scheiße daher!

robert
Genau: PaRis sehen und steRben! Aber mit der Südstaatlermütze auf unseren Doofköppen!

Alwin
Mit der Adamo-Schnulzenfuzzy-ultralässigen-Südstaatlermütze! Feincord ...

robert
... dunkelblau!

Alwin
Genau!
(Schaut ihn lange und forschend an.) Hast aber eben ganz schön alt ausgesehen ...... Alter!

robert
(Verunsichert, schaut ihn forschend an.) ... genau - dunkelblau!

Musik: Wonderwall von Oasis

V. Ramona

Robert
... dunkelblau! .... war nicht nur diese verdammte Südstaatlermütze. Dunkelblau war auch - und verdammt nochmal - ebenfalls aus Feincord, die Jeans von Ramona, der neuen Bedienung in Herthas Bar. Es war unglaublich! Dieser Zufall! Und wie sie aussah! Göttlich. Siebzehn vielleicht - und so wunderschön - und so wunderschön naiv vor allen Dingen. Die machte die Männer verrückt und wusste das nicht einmal. Es war ihr vollkommen egal, unwichtig! Ich glaube, die hat sich nur im Spiegel angeschaut, wenn sie sich gekämmt oder sich einen Pickel ausgedrückt hat. Aber, die hatte nicht mal welche! Ramona! Und das war ja noch nicht alles.

Ramona
So, dwei Bier, macht, Moment (Sie rechnet mit einem Bleistift auf einem Block.) Dwei Bier, macht genau, Moment (Sie rechnet mit akribisch nach.), macht genau dwei Mawk dweißig.

Und die Zigawetten, ... dwei Mawk dweißig und dwei Mawk viewzig, macht genau (Sie rechnet mit einem Bleistift auf einem Block.), sechs Mawk dreißig und viewzig, macht genau sechs Mawk siebzig! (Alwin gibt ihr einen Zehnmarkschein. Ramona ab.)

Robert
Sie hatte einen R-Fehler! Das schlimmste, was ein Mädchen haben konnte! Null Chance - absolut Null! Sie sprach das R wie ein W - fast - nur dass die oberen Schneidezähne nicht senkrecht auf die Unterlippe trafen, sondern leicht nach rechts verschoben. Wie gesagt, unverzeihlich - normalerweise - aber Ramona stand dieses R ganz wunderbar, genau ...

Alwin
... genau wie diese Feincordhose - dunkelblau - das gibt's doch nicht! Wenn das kein Zeichen ist, Mann! Was hält und hier noch?
Sieht das nicht toll aus, wenn ihre Zähne die Unterlippe berühren bei jedem R - und sie die Unterlippe ganz leicht nach links verschiebt? (Ramona kommt zurück.)

Alwin
Sieben!

Ramona
Sieben Mawk? Das sind dann dweißig Pfennig Twinkgeld, wichtig? Danke! Und ... dwei Mawk zuwück!

Alwin
Wichtig! Das sind dweißig Pfennig Twinkgeld! Und exakt dwei Mawk zuwück! Absolut kowwekt gewechnet!

Ramona
Du spwichst aber komisch! Sag mal - (Sie schaut robert an.) wie heißt du?

robert
Wobert - äh, ich meine Robert!

Ramona
Wobert? Doofer Name. Sag mal, hat dein Fweund einen Spwachfehler, der spwicht so komisch?

Robert

Als sie das sagte, stand sie ganz dicht neben mir. Ihre Hüfte, über die sich der dunkelblaue Feincord spannte, berührte meinen Oberarm, und ich konnte die Wärme ihres Körpers spüren.

Wenn ich jetzt die Augen schließe, sehe ich, wie ihre Schneidezähne ihre speichelglänzende, kirschrote Unterlippe, die sich in einem kleinen Bogen nach rechts verschiebt, ganz sanft, kaum merklich, berühren ... Aber, keine Chance. Sie stand auf Alwin. Logisch! Sie war total auf ihn abgefahren.

Ramona

Ich geb ne Wunde Musikbox aus! Was wollt ihr höwen? Dwei Lieder für fünfzig Pfennig.

Alwin

So gibst du also dein Twinkgeld aus! Dwei Lieder!

Ramona

Du spwichst aber wiwklich komisch! Ja, dwei Lieder!

Alwin

Also, als erstes Sunny Afternoon von den Kinks ...

robert

... als zweites von den Kinks ... Sunny Afternoon...

Alwin

... und als drittes, ... als drittes

Ramona

Na also, geht doch mit der Spwache!

Alwin

... als drittes, ... die Überraschung und ganz neu, brandneu: von der besten Band der Welt, den göttlichen Kinks ... Sunny Afternoon.

Ramona

Geht nicht! Dweimal hintereinander das gleiche Lied, das packt die alte Wock `Ola nicht!

Robert
Das wussten wir natürlich, dass die gute alte Rock `Ola das nicht schaffte. Und deshalb gab es zwischen den beiden Sunny Afternoons immer einen anderen Song ...

Ramona
Gestern war der Plattentyp da und hat dwei neue Lieder auf die Box gehaut. F dwei is toll!

Alwin
Was ist F dwei?

Ramona
Na??

Alwin
Ich meine F drei?

Ramona
Also, geht doch! F dwei ist - Moment - das hab ich aufgeschwieben, (Bättert in ihrem Block) F dwei ist Indschalla von Adamo!

robert
Inch Allah ...

Alwin
... von Adamo, dem genialsten Schnulzenfuzzy der westlichen Welt! Paris sehen und ...

robert
(Fällt ihm ins Wort.)... ja! Paris sehen! Und sonst gar nichts!

Musik: Sunny Afternoon von den Kinks

VI. Gnagflow

Robert
Alwin hatte einen Bruder - und der sah exakt so aus wie eine Karikatur von Alwin. Flo! Eigentlich Wolfgang, rückwärts Gnagflow - abgekürzt Flo: Er sprach ab und zu perfekt rückwärts. Wenn er uns begrüßte, sagte er ...

Flo
... Ollah Trebor dnu Niwla, sella ralk, sella yako? Neilsarb tsi sad etseb Dnal red Smusrevinu!

Robert
Das hieß Hallo Robert und Alwin, alles klar, alles okay? Brasilien ist das beste Land des Universums! Man muss wissen, dass Flo ein absoluter Brasilienfan war. In Brasilien war für ihn alles besser: der Fußball, die Landschaft, die Sprache, das Essen, die Tiere - der Tapir - Ripat - war sein Lieblingstier - einfach alles war dort besser. Flo war durch und durch Brasilianer: Renailisarb!

Flo
Ollah, Anomar! Sella ralk?

Ramona
Sag mal, kannst du mal aufhören mit dem Scheiß?

Flo
Hab ich dir übrigens schon mal gesagt, dass Brasilien das schönste Land ...

Ramona
Hör auf mit dem Scheiß! Mann! Ich hab gehört, dein Bwuder und Wobert wollen nach Pawis, nach Fwankweich? Is das kowwekt?

Flo
Frankreich kannst du eh vergessen! Brasilien ist das Land, da ...

Ramona
Verdammt noch mal, hör endlich auf mit deinem Scheiß Bwasilien! Das intewessiewt doch keinen Menschen! Stimmt das mit Pawis? Sag schon!

Flo
Ja, die woll'n nach Paris! Sprechen kein Wort französisch! Wegen der Süd-
staatlermütze! Wegen diesem blöden Adamo! Diesem Schlageraffen! Ich
hab ihnen gesagt, wenn sie nach Lissabon fahren würden, wär ich sofort
dabei, schon wegen der Sprache! Du musst nämlich wissen, dass man in
Brasilien nicht etwa brasilianisch, sondern ...

Ramona
Hör auf mit diesem Scheiß-Bwasilien! Es geht mir nicht um Bwasilien oder
Powtugal oder Pawis oder Fwankweich! Es geht mir um ... aber wehe,
wenn du was vewwätst! ... es geht mir auch nicht um Wobert, der is ja
okay, Schlaukopf ... es geht mir ... wehe! ... es geht mir um ... um Alwin!

Flo
Niwla?
Ramona
Mann!

Flo
Okay! Okay! Um Alwin! Ja, Alwin, mein kleiner cooler Bruder!
Lissabon wär Scheiße, hat er gesagt! Kein einziges R!? So ein Schwachsinn!
Wieso sollte in Lissabon ein R sein?

Ramona
Hier, das gibst du ihm! Okay? (Sie hält ihm eine Single-Platte hin und einen
Zettel.)
Schreib du für mich. Ich mach so viele Fehler. Ich schreib' s dann nochmal
ab. Also!
Lieber Alwin, ich schenk dir diese Platte. Ich hoffe, du hast sie noch nicht.
Ich finde deinen Sprachfehler nicht schlimm. Nein, ich finde ihn sogar rich-
tig süß! Und deine langen Haare, und wie du dasitzt, und wie du mich
manchmal anschaust, und wie du deine Zigarette anzündest, und wie du
deine Haare aus der Stirn streichst, und wie du lachst, und ...!
Willst du mit mir geh'n? Ich meine: Bitte geh mit mir! Bitte! Bitte Alwin!
(Sie redet so schnell, dass Flo nicht mitkommt. Als sie fertig ist, reißt sie
ihm den Zettel aus der Hand und zerreißt ihn in kleine Fetzen.)
Nein! Nein! Scheiße! Und du hältst den Mund! Okay! Kein einziges Stew-
benswöwtchen! Is das klar? Sonst bwing ich dich um!
Ob das klar ist?

Flo

Ja, schon klar. Klar wie Kloßbrühe! (Ramona geht ab. Er schaut sich die Platte an.)
The Kinks, Dedicated Follower of Fashion! Number two in the UK! Okay! Mann! Der Hammer! Alwin schnallt ab! Und Robert erst. Wahnsinn! Ich werde also hingehen und sagen, was könnte ich sagen, vielleicht ... (Während er langsam abgeht.)
Ollah Trebor dnu Niwla, sella ralk, sella yako? Neilsarb tsi sad etseb Dnal red Smusrevinu!
Ja, das werd ich sagen! Genau! Und dann, dann ... kriegt Alwin die Platte! So wird's gehn! Dedicated Follower of Fashion! Number two! Mann! Der Hammer! Wahnsinn!

Musik: She moves in her own ways von den Kooks

VII. Ausreiten
Alwin, Gitti, Robert, robert

Robert

Alwin und Flo hatten noch eine kleine Schwester, Gitti. Die war richtig süß. Ein tolles Mädchen! Für Alwins brutalen Vater, die Mutter war früh gestorben, war sie „mein letzter Sargnagel", Flo wa für ihn nur „der Spinner" und Alwin, der „langhaarige, faule Gammler, der den ganzen Tag Negermusik hört". Heut' hat Gitti vier Kinder von vier verschiedenen Männern, vier Jungs. Alle vier nach den Typen von ACDC benannt! Angus, Malcolm, Dave und Colin John. Wow!
Gitti liebte Alwin abgöttisch, wie das eigentlich jeder tat. Jeder liebte ihn. Natürlich auch Ramona! Klar!

Gitti

(Hält sich demonstrativ die Backe.)
Papa hat mir eine gescheuert, weil ich zu viel Zucker in seinen Kaffee getan hab.

Alwin

Wie viel hast du denn rein getan?

Gitti
Bloß fünf Löffel ! (Sie kuschelt sich an Alwin. Er drückt sie an sich.) Mein Alwin, mein großer, schöner Alwin. Wann heiraten wir?

Alwin
Oh! Fünf Löffel! .... (Lenkt geschickt ab.)
Wer möchte jetzt alles ein Pferd haben? (Zwinkert robert zu.)
(Gitti und robert melden sich.)

Robert
Natürlich hatten wir keine Pferde, logisch. Aber, drüben, auf der Weide grasten zufällig drei. Zwei winzig kleine Ponys, von denen eines, ein rotes, fürchterlich hinkte, und ein großer, schöner Rappe.

Gitti
Ich nehm das schwarze!

Alwin
Und ich das weiße Pony! Dann bleibt für Robert das rote übrig. (Freut sich tierisch und reibt sich die Hände.) Pech gehabt, mein Lieber.

Gitti
Robert is viel zu schwer für das Pony. Das is ja verletzt. Das humpelt ja fürchterlich. Da kannst du dich niemals draufsetzen, Robert. Das wär ja Tierquälerei!

Alwin
Okay, dann muss Robert halt hinter uns herlaufen. Das macht dir doch nichts aus. Robby, oder? Du läufst doch gerne, so zehn bis zwanzig Kilometer, oder? Is doch kein Problem für dich, oder?

Gitti
Nein, Robert muss nicht laufen. Wir machen das ganz anderster.

robert
Nein, ich lauf gerne. Ich kann ja das rote an die Leine nehmen und hinter euch herlaufen.

Gitti
Nein, Robert, du musst nicht laufen. Wir machen das anderster. Äh ... warte mal, äh ...

Robert
Es war immer das gleiche Spielchen. Alwin und ich spielten die Deppen, und Gitti war glücklich. Alles lief darauf hinaus, letztendlich, dass ...

Gitti
Wir machen das so, und keine Widerrede: der Alwin kommt mit zu mir auf den schwarzen, der is ja groß genug und kräftig, und Robert kriegt das weiße Pony. Okay?

Alwin
Sieht zwar bescheuert aus, wenn beim Reiten seine Beine auf dem Boden schleifen, aber sonst ist es okay, Gitti. Tolle Idee! Super!

robert
Super! Ich kann ja die Beine einfach etwas anziehn, dann geht das schon und ...

Alwin
Klar, kein Problem, so zehn bis zwanzig Kilometer die Beine ´n bisschen anziehn ...

robert
Klar! Null Problemo! Und dem roten Pony machen wir einen Umschlag um sein verletztes Bein. Das kann sich dann hinlegen und sich ausruhn. Und wenn wir zurück sind, ist es wieder gesund! Na, was sagst du jetzt?

Gitti
Juhuu! Genauso machen wir's! Und - Awin - das mit dem Heiraten is ja doof. Ich bin ja deine Schwester, da geht das ja gar nicht. Früher hab ich immer gedacht, das würde gehn.
Aber du könntest doch die Ramona ...

Alwin
... die Ramona? Ich? Wie kommst du denn darauf? Hat sie dich bequatscht, oder was?

Gitti
Ja - nein - ihr passt doch so gut zusammen. Ihr seid beide so schön, und die
Ramona is fast noch schöner wie du. Ihr passt so schön zusammen! Bitte
Alwin! Dann hätt ich noch ne große Schwester. ... Sie hat mir 'ne Puppe ge-
schenkt! Bitte Alwin!

robert
Alwin und Wamona! Das Twaumpaar des Jahwes!

Alwin
(Rastet aus!)
Spinnt ihr? Ihr könnt mich alle mal! ...... Entschuldige Gitti! (Er nimmt sie in
den Arm.)
(Zu robert.) Von wegen Traumpaar des Jahres! Traum-Arschloch des Jahr-
hunderts!

Musik: Creep von Radiohead

VIII. Paris sehen und ...

Robert
Sein Alter saß auf der Treppe vor dem Bahnhof. Er hatte Wind von der Sa-
che bekommen. Wahrscheinlich vom alten Meier, einem legendären Schaf-
kopfkarter. Alwins Vater war Brunzkarter. Also einer, der beim Schafkopfen
eingewechselt wurde, wenn einer der richtigen Karter aufs Klo musste. Der
Alte hatte zwar keine Ahnung vom Karten, aber meistens ein so gutes
Blatt, dass die Karten sozusagen alleine für ihn spielten.

Alwin
Scheiße, mein Alter. Mit vier Flaschen Bier. Keine Chance. Da kommen wir
niemals vorbei. Das hat ihm der alte Meier erzählt, dieser Quatschkopf!
Das kann doch nicht wahr sein!

robert
Mann, was machen wir jetzt? Der Schnellzug fährt in genau einer Stunde
ab.

Alwin

Wir trampen, wir fahren per Anhalter. Das ist unsere einzige Chance. Los komm, beeil dich. Wir müssen zur Straße. Worauf wartest du denn?

robert

Auf ... auf Ramona. Die wollte sich von uns, ... von dir verabschieden. Sie müsste jeden Moment da sein.

Alwin

Spinnst du? Wir dürfen keine Sekunde verlieren! Wenn wir den Zug verpassen, müssen wir bis morgen warten. Da hat uns der Alte längst die Polizei auf den Hals gehetzt! Dann ist es aus mit Paris, aus mit der Südstaatlermütze! Na los, komm endlich!

Robert

In diesem Moment kam Ramona an. Sie war erhitzt, hatte ganz rote Wangen. Sie sah einfach hinreißend aus. Was hätt` ich damals dafür gegeben. Die Lippen kirschrot! Ich bin dann weg, hinter die Fahrradständer.
(Robert ab.)

Ramona

Alwin, ich hab was für dich. (Sie zeigt ihm ein Halskettchen mit Kreuz.) Das Kweuz soll dich beschützen. Dass du wiederkommst. Dass dir nix passiert! Alwin, ich hab so Angst, dass dir was passiert. (Alwin überlegt lange. Nimmt dann das Kettchen und steckt es in die Hosentasche.) Du musst es umlegen, sonst nützt es nix! Ich ... würd so gern mit dir ....

Alwin

Vergiss es! Ich find dich ja okay, wirklich! Aber ... nimm doch den Robert! Ein toller Freund! Der is`n totaler Schlaukopf, der weiß alles! Na ja halt ein (Spricht langsam, rhythmisch und konzentriert.) ... Gym - na - si - ast! Wow, geht doch!

Ramona

Du hast wecht, Wobert is okay, aber er is halt nur ein, ... na ja, ... Fweund oder so! Bitte Alwin! Oder findest du mich hässlich oder eklig. Ich würd so gern mit dir ...

Alwin

Nein, du siehst toll aus, super. Aber ... Ich muss jetzt los! (Wendet sich ab.)

Ramona

(Läuft ihm nach, umarmt ihn, will ihn küssen. Alwin stößt sie weg. Sie fällt hin.)

Alwin

Sag mal, spinnst du total! Vielleicht kann ich ja mit Mädchen insgesamt nix anfangen? Entschuldige, wollt ich nicht! Danke fürs Kettchen! (Er läuft zu robert, der wieder auftritt.)

Ramona

Alwin, die Kette! Leg die Kette um!

Flo

Ollah Trebor dnu Niwla, sella ralk, sella yako? Die sind weg! Der Alte! Das ist nicht gut! O o - das ist gar nicht gut! Ollah Anomar! Äh, ... ich meine: Hallo Ramona!

Ramona

Alwin!

-- BLACK --

IX. Crash - Boom - Bang!

Musik: Strangers von den Kinks

(Alwin und robert sitzen am Straßenrand, halten den Daumen hoch; spielen dazwischen Stein, Schere, Papier; albern rum, machen Schattenboxen etc. Das Lied klingt aus.)

Alwin

Mann, der hält! Wahnsinn! Ich geh! (Läuft zum Auto, kommt wieder zurück.) Mann Robert, der nimmt uns mit nach Aschaffenburg! In ´ner Viertelstunde sind wir da! Beeil dich!

Robert
Da stand also dieses Scheiß-Auto! DKW-Junior, Zweitakter! Aufgemotztes Angeberauto!

Alwin
Robert, wo bleibst du denn, du blöder Gyna, ... Gymnasiumer! Beeil dich, die warten nicht ewig! Mann!!

Robert
(Packt Alwin, hält ihn fest, umarmt ihn.) Alwin, bleib hier! Lass das Scheiß-Auto fahr'n! Scheiß auf Paris! Mann - ich weiß doch, wie das ausgeht! Bleib verdammt nochmal hier, du blöder Idiot!

Alwin
(Reißt sich los.) Ey Mann, bist du schwul oder was? Spinnst du jetzt total! Lass mich los, und setz deine Scheiß-Mütze auf! Siehst ja aus, wie'n 100-Jähriger, wie deine eigene Scheiß-Leiche!
(Alwin zieht Robert die Mütze über.)

robert
Okay - wir schaffen das! Ich komme! Juhu - Paris sehen und ...

Alwin
... Paris sehen und sterben! Juhu!

-- BLACK --

(Die Unfall-Szene vom Anfang des Stücks wiederholt sich.)

Alwin
Was .... heißt ... eigentlich ... You really got me?

robert
You really got me heißt ... heißt ... jetzt hast du mich endlich dran gekriegt, oder so, oder so ähnlich.

Alwin
Aha, ach so! So heißt das. Hätt' ich ... nicht gedacht, dass das so heißt. Nie ...... nie im Leben. (Alwin stirbt. Black.)

X. Päwädais heißt Pawadies - und das ist gut so!

robert/Flo
(Beide singen die 2. Strophe von „Ramona")
Ramona - denk jeden Tag einmal daran./Ramona - dass nichts vergeht was
so begann. /Nach einem Jahr steh' ich mit Blumen vor der Tür. / Ramona -
dann bleib ich bei dir.

Robert
Seit Alwins Tod hatte ich Ramona nicht mehr gesehen. Aber ich hatte ge-
hört, ... sie wäre ..... verheiratet. Mit dem Sohn des Kohlenhändlers. Wir
trafen uns an Alwins Grab, an seinem ersten Todestag, am 15. August
1967. Flo hatte eine Kerze mitgebracht und ein Kofferradio, einen „Nord-
mende Mambino" - Ausgeliehen. Wir wollten gemeinsam mit ... Alwin die
Hitparade von Radio Luxemburg hören. Wollten kucken, ob „Mr. Pleasant"
von den Kinks aufgestiegen war.

Ramona
(Sie ist sichtbar schwanger.) Hallo Wobert, hallo Flo! Hallo Fweunde!
(Zu Alwins Grab.) Hallo Twaumtänzer!

robert
Hallo Ramona. Lange nicht gesehn. Soll's 'n Junge werden?

Ramona
Klar! Kann Mädchen nicht leiden!

Flo
Hast du schon einen Namen. Es muss ja kein deutscher sein, oder? Es gibt
da wunderbare brasilia....

robert
... hör auf mit dem Scheiß! Ich könnte mir denken, wie ....

Ramona
.... also, Wobert bestimmt nicht. Du bist 'n feiner Kewl, aber der Name is
doof! Wobert, wie das schon klingt! Keine Angst, er wird auch nicht ... Al-
win heißen! Übwigens, die Kinks haben ein neues Lied. Kommt heut in der
Hitpawade!

Flo
So neu is Mr. Pleasant aber nicht!

Ramona
Das heißt nicht Mr. .... Dingsbums oder so. Das heißt .... (Sie zieht einen Zettel heraus.)

Flo
„Waterloo Sunset"? Du spinnst doch!

robert
Ray schreibt doch keinen Song über die Schlacht bei Waterloo! So ein Quatsch!

Ramona
Hab ihn sogar schon gehört und gesehn - im Fernsehen!

Flo
Du hast einen Fernseher? Wahnsinn!

Ramona
Na ja, meine Schwiegereltern, die Bonzen. So geht er. (Singt.) Bamm ba ba bamm ba ba bamm ba ba bamm ...

robert
So ein Quatsch!

Ramona
Überhaupt kein Quatsch, meine tweuen Fweunde! Und heut is er bestimmt schon in der Hitpawade!

Robert
„Mr. Pleasant" war auf Platz acht abgerutscht, doch der Sprecher sagte, das würde schon seinen Grund haben. Und als die Nummer drei, „!tchycoo Park" von den wunderbaren Small Faces verklungen war, sagte der Sprecher, das jetzt der Grund käme, ... und tatsächlich ... ging es „Bamm ba ba bamm ba ba bamm ba ba bamm ..." und Ramona sang mit! Plötzlich unterbrach der Sprecher und meinte, sie hätten eine technische Panne. Bis die

behoben sei, gäbe es eine kurze Sendepause. Aber dann gab der Mambino seinen Geist auf.

Ramona
Bau die Battewie aus. Gib das Feuerzeug. Gib schon her. (Sie hält die Batterie übers Feuerzeug. Flo baut die Batterie wieder ein.)

Musik: Waterloo Sunset von den Kinks

Ramona
Ich hab da mal ne saublöde Fwage, Wobert! Sowwy, aber was heißt'n eigentlich Päwädais?

robert
Du meinst Paradise?

Ramona
Sag ich doch Päwädais! Du hörst wohl schlecht oder wie?

robert
Paradise heißt ... (Schaut Flo a, zeigt ihm drei Finger und zählt dann mit den Fingern auf drei.)

robert/Flo
Paradies! Paradise heißt Paradies!

Ramona
Pawadies? Das is' gut! Das ist .... absolut ..... kowwekt! (Die Drei fassen sich an den Händen.)

BLACK (Langes Fading)

1913 - Eine Silvesternacht | Aschaffenburg! Deutschland! Europa!
Uraufführung im Stadttheater Aschaffenburg 2013

Das Stück basiert auf dem Einakter „Eine Sylvesternacht" von Julius Maria Becker (1913).
Die Passagen der zwei Kommentatoren sind zum Teil dem Buch
„1913 - Der Sommer des Jahrhunderts" von Florian Illies entnommen.

Personen   Hermann Streit, Schriftsteller

Dr. Faber, Arzt
DF

Frau Hütten
FH

2 Kommentatoren

Bühne: Vier Podeste; hinten die Musik (am höchsten); P1 links
(HS) und P2 (DF) rechts (etwas niedriger) und P3 vorne (Kom-
mentatoren - am niedrigsten); FH steht auf der Bühne

(Dunkel.)

Vorgefühl

Ich bin wie eine Fahne von Fernen umgeben.
Ich ahne die Winde, die kommen, und muss sie leben,
während die Dinge unten sich noch nicht rühren:
die Türen schließen noch sanft, und in den Kaminen ist Stille;
die Fenster zittern noch nicht, und der Staub ist noch schwer.

Da weiß ich die Stürme schon und bin erregt wie das Meer.
Und breite mich aus und falle in mich hinein
und werfe mich ab und bin ganz allein
in dem großen Sturm.

Rainer Maria Rilke | 1904

MUSIK --- *DF steht hinter HS. Er holt die Pistole hinter dem Rücken hervor und hält sie HS von hinten an den Kopf.*

(FH nimmt Platz; DF geht ab.)

HS
Sie besorgen also die Briefe!

FH
Wird alles besorgt.

HS
Noch einen Augenblick, Frau Hütten! Ich will heute außer dem Doktor niemanden mehr sehen. Wer auch kommt. Bin verreist, krank, bin ausgegangen.

FH
Ich fürchte, es ist nicht gerade sehr Hübsches, was in den Briefen steht?

HS
Ich will nicht hoffen, dass Sie mein Vertrauen missbrauchen. Ich lasse alles offen.

FH
Herr Streit! Lieber lasse ich mir die Hand abhacken, als dass ich damit nach einem Ihrer Briefe greife. Aber man hat so seine Witterungen …

HS
Was soll das heißen?

FH

In den letzten Tagen sind Sie ein anderer geworden. Sie waren
ja niemals wie die anderen – im besten Sinne – versteht sich.
Doch in den letzten Tagen da waren Sie noch anders als Sie
bisher anders waren.

HS

Alles Einbildung!

FH

Ich bilde mir nicht ein, dass Sie noch bleicher geworden sind
als sie schon waren.
Mein Gott: Früher, da habe Sie an Abenden oft stundenlang in
der Küche gesessen und mir bis in die späte Nacht von Ihrer
Jugend und Ihren Liebschaften erzählt. Haben dabei wohl 20
Zigaretten geraucht und viel gelacht. Dann kam der Tag, an
dem Sie mir triumphierend sagten, Sie hätten Ihr Jurastudium
aufgegeben und wären Schriftsteller geworden. Das ..... war
der letzte Abend in der Küche. Das ist jetzt schon fünf Jahre
her. Dann wurden Sie der Stille, der Ernste, der
Insichgekehrte, der das Haus kaum verließ, der Nächte lang
schrieb und schrieb und schrieb .... und am Morgen, wenn ich
Ihnen das Frühstück brachte, lagen Sie da wie ein Toter
aufgebahrt im Schauhaus ...

HS

Ich musste von dem leben, was ich schrieb ... und da, glauben
Sie mir, gab es viel zu tun.

FH

Manchmal kam nur dieser Doktor Faber. Dann gab es sehr viel
Rauch im Zimmer und es wurde laut und heftig diskutiert.

HS
Er ist mein einziger Freund – dieser Doktor, gescheit, ehrlich, fast aristokratisch ....

FH
Ist diesem Doktor denn nicht aufgefallen, dass Sie in den letzten Tagen so ganz anders geworden sind? Er wird denken, dass Sie krank sind!

HS
Besorgen Sie die Post! Und niemanden – niemanden als den Doktor!

MUSIK

Im Sommer 1913 unternimmt der 26-jährige Aschaffenburger Dichter Julius Maria Becker seine erste große Auslandsreise. Sie führt in nach Paris. Die Fülle „gigantischer" Eindrücke überwältigt ihn. Angesichts moderner „Weltwunder" wie des Eiffelturms fühlt er sich vom „Rhythmus eines kosmischen Optimismus beseelt".

Am 16. Dezember 1913 wird im Aschaffenburger Stadttheater Julius Maria Beckers Einakter „Eine Sylvesternacht" uraufgeführt. Becker ist 26 Jahre alt. Das brisante Stück entfacht einen Pressekrieg zwischen der Aschaffenburger Zeitung und dem katholischen Beobachter am Main, der „Pessimismus und Unmoral" des Werks scharf attackiert.
Sein Freund und Lehrerkollege, der Anarchist Pepi Matthes, hingegen feiert Beckers Stück in der liberalen Aschaffenburger Zeitung mit einer Kritik in Form eines persönlichen Briefes an Becker: „Du bist nicht durchgefallen, sondern hast einen ehrlichen, starken Erfolg errungen. Du hast in wahrhaft dich-

terischer Sprache, ohne äußere dramatische Mittel, innere
Konflikte geschaffen.
Ich freue mich schon auf die Leute, die ihren Schnabel wie ein
Küchenmesser wetzen: Wie kann man nur so etwas ...!
Im übrigen bist du doch ein ganzer Kerl, ein Künstler, das hast
du wieder gezeigt, womit ich verbleibe als Freund und Geg-
ner in mancherlei Dingen."

HS

Die Freunde wissen es morgen früh. Ich warte auf den Glo-
ckenschlag zur Mitternacht und sterbe noch mit dem alten,
dem guten alten Jahr. In der Neujahrsnacht kommt es auf
einen Pistolenschuss mehr oder weniger nicht an. Und man
wird nicht ahnen, dass der Schuss ein Leben umwarf, das die
Kraft, den Mut, den Glauben verloren hatte. Das wird man
hinter den erleuchteten Fenstern nicht ahnen. .....
Aber *ihr* soll es mit diesem Pistolenknall wie ein Stein auf das
Herz fallen, sie soll erbleichen, dass alle die Gläser im Rund
sinken lassen und rufen: Was ist mit ihr?
(Nimmt die Pistole und hält sie sich an die Schläfe.) Diese Kugel
wird also das Gedankenbabel hinter dieser Stirn zerstören und
zur Ruhe bringen.

Der am 6. Mai 1880 in Aschaffenburg geborene Maler Ernst
Ludwig Kirchner, der in Dresden zu malen beginnt, kommt
erst in Berlin zu sich, mit Anfang 30. Es ist dieses fahle Grün,
das in den Gesichtern der Kokotten auf dem Potsdamer Platz
aufleuchtet und der malmende Lärm der Großstadt dahinter,
den Kirchner zur Kunst machen will. Zu Gemälden. Aber er
weiß noch nicht wie. Und zeichnet deshalb vorerst weiter -
„meine Zeichnungen duze ich", sagte er, „mein Bilder sieze
ich."
Die Gemälde, die er später siezen wird, zeigen einen Stadt-

körper, der nur noch aus Sehnen und Nerven besteht, aber nicht mehr aus Fleisch und Blut. Die einzige Triebkraft ist ihre Geschwindigkeit, ihr Vorwärtstreiben.
Als Kind zeichnete er Eisenbahnen. Die konnte er tagein tag-aus beobachten. Vom Balkon seines Elternhauses, das gegen-über dem Aschaffenburger Bahnhof liegt. Die Geschwindig-keit war es, die ihn faszinierte. „Ich bin am Bahnhof geboren. Das erste, was ich im Leben sah, waren die fahrenden Loko-motiven und Züge, sie zeichnete ich, als ich drei Jahre alt war. Vielleicht kommt es daher, dass mich besonders die Be-obachtung der Bewegung zum Schaffen anregt. Aus ihr kommt mir das gesteigerte Lebensgefühl, das der Ursprung des künstlerischen Werkes ist."

DF
Guten Abend, Streit!

HS
Es freut mich. Guten Abend, Doktor.

DF
Wo ist der Punsch? Dacht ich mir's ja! Musste mir's ja denken und …. hab vorgesorgt.
(Stellt zwei Flaschen auf den Tisch.)
Heute wird gezecht! Wär auch noch schöner, oder? Morgen ist Neujahr! Aber, was ist mit dir? Mensch, du siehst ja aus wie ein Gespenst!

HS
Etwas erregt, mein Lieber. Weiter nichts!

DF
Ich will doch nicht hoffen, dass du die unschöne Geschichte

mit *ihr* mit hinüber nimmst ins neue Jahr! Hörst du!

HS
Das werd ich nicht! Keine Sorge!

DF
Verflucht nochmal! Ein Kerl wie du, der fällt einmal auf die Nase, dann steht er wieder da!

HS
Wir trafen uns damals auf der Straße auf dem Weg zu Fred. Weißt du noch?

DF
Ganz richtig, wir blieben lange in seinem Atelier. Und kurz bevor wir gehen wollten, enthüllte er jenes fatale Porträt, das dir auf den ersten Anblick den Kopf verdreht hat.

HS
Das weißt du noch? Mein Freund, mein einziger Freund! Ich fass es nicht!

DF
Und ob ich das noch weiß! Fred und ich waren völlig vergessen. Ich sah dich an – du warst wie versteinert – und staunte, wie schön du in diesem Augenblick wurdest. Die Schönheit des Bildes, diese ...... schrecklich schöne Frau, schien sich auf deinem Gesicht zu spiegeln. Die Linien deines Gesichtes schienen sich den Linien dieser Frau auf dem Bild anzugleichen. Dann wurdest du plötzlich rot im Gesicht ...

HS
Du bist mein .... einziger Freund, Faber!

DF

Warum hast du Fred nicht gleich gefragt, wer sie ist?

HS

Ich wollte ihr selbst auf die Spur kommen. Sie im Meer der Stadt wie zufällig unter Tausenden entdecken. Romantiker, wie du weißt! Und es gelang mir dann ja auch! Aber ich sprach sie nicht an. Ich schrieb ihr einen Brief, den ich aber wieder zerriss.
Dann traf ich sie zufällig auf der Promenade. *(Bewusst pathetisch.)* „In einem grauen Pelze lag, vom gewellten Haare umweht, das Köpfchen in den Nacken gebogen, hochmütig fast", so dass mich meine Zuversicht verließ...

DF

Mein lieber Freund, du hast sie tatsächlich geliebt!

HS

Geliebt? Vergöttert! Ich war ihr verfallen! Auch sie gestand mir ihre Liebe, später. Aber da war immer so etwas Kühles, Herbes, Entferntes an ihr.

DF

Und wie endete alles?

HS

Kurz vor Weihnachten. Diese Kühle war wieder um sie. Warum ich nicht wenigstens promoviert hätte, schon des Dekorums wegen. Vom Schreiben könne man doch nicht leben. Brotlose Kunst! Aber es war mehr dahinter. Ein anderer war dazwischen getreten.   Ein Offizier, Leutnant der Garde ...

DF

Da ist ein deutscher Dichter hoffnungslos verloren.

HS

An Ostern will man die Verlobung feiern. Jetzt weißt du es.
Ach, das Leben ... geht vorbei.

1910 bis 1920: Das expressionistische Jahrzehnt

Jakob van Hoddis, Weltende

Dem Bürger fliegt vom spitzen Kopf der Hut,
In allen Lüften hallt es wie Geschrei,
Dachdecker stürzen ab und gehn entzwei
Und an den Küsten - liest man - steigt die Flut.

J.M. Becker, Lied der Verzweiflung

Langhin aufs Pflaster stürzen die Passanten,
Von steiler Luft erstickt, vom Wahn erschreckt.
Aus hohlen Kneipen toben Musikanten,
Ein Gasrohr platzt, ein Droschkengaul verreckt.

Georg Trakl, Ein Gewitterabend

Laut zerspringt der Weiherspiegel.
Möwen schrein am Fensterrahmen.
Feuerreiter sprengt vom Hügel
Und zerschellt im Tann zu Flammen.

Kranke kreischen im Spitale.
Bläulich schwirrt der Nacht Gefieder.
Glitzernd braust mit einem Male
Regen auf die Dächer nieder.

Der Arzt und Lyriker Gottfried Benn, Kleine Aster

Ein ersoffener Bierfahrer wurde auf den Tisch gestemmt.
Irgendeiner hatte ihm eine dunkelhelllila Aster
zwischen die Zähne geklemmt.
Als ich von der Brust aus
unter der Haut
mit einem langen Messer
Zunge und Gaumen herausschnitt,
muss ich sie angestoßen haben, denn sie glitt
in das nebenliegende Gehirn.
Ich packte sie ihm in die Brusthöhle
zwischen die Holzwolle,
als man zunähte.
Trinke dich satt in deiner Vase!
Ruhe sanft,
kleine Aster!

MUSIK

HS
Weil wir von der Vergänglichkeit des Lebens sprachen, ... was
du als Naturwissenschaftler, als Mediziner über das denkst,
was nach dem Tode kommt, möcht ich gerne wissen.

DF

Eigentümlich, dass du mich in den letzten Tagen immer das gleiche fragst.

HS

Der Dichter hat eben so ein bisschen metaphysisches Interesse.

DF

Lass das Grübeln, es bekommt dir nicht. Wenn du es immer wieder hören willst: Ich glaube nicht, dass der Tod unserem ganzen Sein ein Ende macht. Man muss Menschen sterben gesehen haben, viele Menschen. Du warst schon immer ein Grübler. Und die Skepsis kroch wie ein Skorpion in dein Gewissen hinein und war nicht mehr auszurotten.

HS

Wir werden vor dem Tod immer so stehen wie vor einer Tür, von der wir nicht wissen, was sich hinter ihr verbirgt. Wir wagen es nicht, sie zu öffnen, denn der erste Schritt könnte uns eben so gut in einen schwarzen Abgrund stürzen, wie auf einen blütenbeschneiten Weg führen, der uns In sonnendurchflutete Gefilde geleitet ...
Jedenfalls ist beides möglich. Und weil der Abgrund eben so möglich ist wie das Licht, zögern wir, die Tür zu öffnen.

„Über der Stadt ist alles Glut! Ein Feuer fährt um den Himmel und ein Getös herunter wie Posaunen." Am 8. November 1913 wird im Münchener Residenztheater das 1836 entstandene, Fragment gebliebene, Drama Woyzeck des damals 23-jährigen Georg Büchner uraufgeführt. Ganze 77 Jahre nach seiner Entstehung also! Was für ein Stück, was für eine

Sprache, was für ein Tempo. Rilke ist sprachlos vor Begeiste-rung: „Es ist ein Schauspiel ohne gleichen, wie dieser miss-brauchte Mensch in seiner Stalljacke im Weltall steht, im un-endlichen Bezug der Sterne. Das ist Theater, so könnte Theater sein."

Am Ende des Stücks wird ein Märchen erzählt von einem ein-samen Kind: „Und weil auf der Erd niemand mehr war, wollt's in Himmel gehen, und der Mond guckt es so freundlich an und wie's endlich zum Mond kam, war's ein Stück faul Holz und da ist es zur Sonn gegangen und wie's zur Sonn kam, war's ein verwelkt Sonnenblum. Und wie's zu den Sternen kam, waren's kleine goldne Mücken, die waren angesteckt wie der Neuntöter sie auf die Schlehen steckt. Und wie's wieder auf die Erde wollt, war die Erde ein umgestürzter Hafen und war ganz allein."

Das war ein Märchen ganz nach dem Geschmack des Jahres 1913. Untröstlich, jenseits aller Utopie, aber voller Poesie.

MUSIK

DF

Ja, beides ist möglich, das gebe ich zu. Aber man muss dem Gefühl, der Ahnung mehr vertrauen als dem Verstand. Wir ha-ben die Aufgabe, unsere Seele reinzustimmen, vorzubereiten auf ein jenseitiges Leben ...

HS

Stimmen? Wie ein Instrument meinst du?

DF

Ja, Harmonie, keine Dissonanz beim Hinübergehen.

HS

Meinetwegen hast du recht. Dann bin ich heillos verloren für
die Ewigkeit. Mein Leben war ein einziger Missklang, den ich in
das andere Leben mit hinübernehme.

DF

Was soll das heißen? Hermann? Wie meinst du das?

HS

Du wirst mich nicht zurückhalten. Es ist beschlossen.

DF

Was ist beschlossen? Bist du wahnsinnig geworden?

HS

Mit dem Stundenschlag des neuen Jahres ... werde ich ... mich
erschießen.

DF

Du bist wahnsinnig! Hermann, mein Freund! Hör auf, so zu re-
den. Lass das, bitte!

HS

Es ist beschlossen, basta! Und keiner wird mir das ausreden!
Auch du nicht, mein ... Freund Faber.

DF

Hermann, tu's nicht. Mir zuliebe. Wenn du nicht mehr da bist,
bin ich ein armer Waisenknabe. Hör auf, so zu reden. Du wirfst
dein Leben weg, Hermann, wegen einer Frau!

*Die Droge Ecstasy wurde erstmals synthetisiert, das ganze
Jahr 1913 über läuft der Patentantrag. Dann aber gerät sie*

über einige Jahrzehnte in Vergessenheit.

Im Fühjahr 1913 gelingen Charles Fabry die entscheidenden Experimente zur Entdeckung der Ozonschicht. Sie ist noch vollkommen intakt.

Am 18. Dezember 1913 wird in Lübeck Herbert Ernst Karl Frahm geboren, der sich später Willy Brandt nennt.

Aschaffenburg. Fritz Rüth eröffnet in der Treibgasse 1a das Lichtspiel-Theater (LT). Der Bau ist nach „modernen Gesichtspunkten, vor allem auf Panik- und Feuersicherheit hin", neu errichtet worden. Der teuerste Platz, die Loge, kostet 1 RM und 5 Pfenning, der billigste 25 Pfennig. Insgesamt beträgt die Zahl der Sitzplätze 360.

Die große Berliner Zigarettenfirma „Problem" wirbt überall in Berlin auf den Bussen und Droschken mit ihrer Zigarettenmarke, die den Namen „Moslem" trägt. So liest man, wenn man über den Potsdamer Platz läuft oder den Kurfürstendamm, in großen Lettern: „Moslem. Problem Zigaretten."

MUSIK

HS
Quatsch - wegen einer Frau! Mein Leben ist verfehlt! Falsch aufgebaut vom Grunde auf!

DF
Denk daran, dass deine Freunde noch viel von dir erwarten, aus deiner Feder! Die ganze Welt erwartet das.

HS

Ha ha! Die Welt schreit nach meinen Werken! Dass ich nicht lache! Meine „Kunst"! Weißt du, dass ich eigentlich nur für sie geschrieben habe. Weil ich ihre Liebe erzwingen wollte!
Ich habe mich prostituiert mit meiner „Kunst"! Ich war nie ein wahrer Künstler, das ist es!

DF

Hermann - dann vergiss sie und vergiss die „Kunst"! Fang ein neues Leben an. Lebe das große, das freie Leben! Fang schon morgen damit an! Geh, wohin der Tag dich führt, Nimm, was dir der Tag bringt!

HS

Nein, ein Leben ohne die Kunst, die wahre Kunst, ein Leben ohne diese große furchtbare Liebe ... nein, nein, du wirst mich nicht überreden, beschwatzen, ... mein Entschluss steht fest! Basta! Mein Freund - lass mich gehen! Bitte! Lass mich einfach gehen!

DF

Gut, dann mach doch, was du willst. Schieß dir eine Kugel in deinen Sturkopf! Geh hinüber als Unglücklicher und bleibe es in alle Ewigkeit! Basta!

HS

Und wenn ich einmal als Verdammter hinüberkomme, dachte ich als Primaner, wer weiß, dann geh ich vielleicht den umgekehrten Weg: auf der unendlichen Feuerleiter der Hölle hinauf ins Elysium ...

DF
Hör auf so zu reden! Dem Höchsten und Letzten begegnest du mit diesem schrecklichen Zynismus!

(HS wendet sich ab.)

MUSIK

Am 20. April 1913 wird Adolf Hitler 24 Jahre alt. Er sitzt im Männerwohnheim in der Wiener Meldemannstraße 27 im Arbeiterbezirk Brigittenau und malt im Aufenthaltsraum Aquarelle. In seinem Zimmer ist es zu eng. 500 Personen haben winzige Einzelkabinen, ein Bett, einen Kleiderständer, einen Spiegel, vor dem Hitler allmorgendlich seinen Schnurrbart pflegt. Die Nacht kostet 50 Heller. Nur wenige bleiben tagsüber im Heim, Hitler ist einer von ihnen. Tag für Tag hockt er im sog. Schreibzimmer und zeichnet und aquarelliert Wiener Sehenswürdigkeiten. Schmächtig sitzt er da in seinem uralten, abgetragenen Anzug, jeder im Heim kennt die Geschichte seiner schmählichen Abweisung von der Kunstakademie. ....
Doch wenn im Raum eine politische Diskussion aufkommt, dann durchzuckt es ihn. Irgendwann wirft er seinen Pinsel fort, seine Augen blitzen und er hält flammende Reden: Es könne, so schreit er, nicht angehen, dass in Wien mehr Tschechen als in Prag leben, mehr Juden als in Jerusalem und mehr Kroaten als in Zagreb. Er wirft seine schwarze Haarsträhne nach hinten. Schwitzt. Und bricht urplötzlich seine Reden ab. Setzt sich hin und malt weiter an seinen Aquarellen.

DF *(allein)*
Es gibt einen Weg. Einen ... furchtbaren Weg! Dieser Gedanke
hat sich eingebrannt in mein verfluchtes Hirn. Aber ... ich muss
es tun. Ich bin es ihm schuldig. Ich habe ihn immer geliebt und
werde ihn immer lieben. Immer! Also muss ich es tun! Wer
sonst? Ich ... muss!
(Er nimmt sich Stift und Papier.) Ein Telegramm an Hermann
Streit. *(Schreibt.)* Straße, Hausnummer. Frau Hütten -
besorgen Sie das Telegramm, bitte! Es eilt! Es eilt sehr! Danke!

HS
Du erbst meinen gesammelten Goethe. Der war doch auch
einmal nahe an der Pistole. Aber schließlich hat er es seinem
armen Werther überlassen, sich zu erschießen.
Auch den Kleist sollst du haben. Seine Gestalten sind Men-
schen hoher Entschlüsse. Man muss hohe Entschlüsse zu fas-
sen verstehen, wie Kleist selbst, der seine Liebe mit in den jun-
gen Tod nahm.

DF
Willst du alle Selbstmörder zu Helden machen?

HS
Schwäche begeht keinen Selbstmord. Schwäche bleibt leben.
(Heinz legt das Telegramm auf HS' Tisch.)

MUSIK

*Am 23. Februar wird Josef Stalin in St. Petersburg auf offener
Straße festgenommen. Er rennt in Frauenkleidern und einer
Perücke um sein Leben. Das hat weder mit dem Fasching
noch mit speziellen Neigungen zu tun. Nein, der Revolutionär*

hält sich illegal in Russland auf und hat die Kleider gestohlen. Die Polizei stellt den hinkenden Flüchtling und reißt ihm das bunte Sommerkleid und die Perücke vom Leib. Darunter kommt die Gestalt Stalins zum Vorschein. Er wird erkannt und nach Turuchansk in Sibirien verbannt.

Endlich ist das Frühjahr da. Der Studienrat Friedrich Braun und seine Frau Franziska schieben stolz den Kinderwagen durch den Münchner Hofgarten. Im Dezember waren sie Eltern einer kleinen Eva geworden. Eva Braun ist sechs Monate alt, als der 24-jährige Adolf Hitler am Sonntag, dem 25. Mai, München erreicht.

Zum 25-jährigen Thronjubiläum schreibt ein 15-Jähriger in sein Tagebuch:
„Und wenn am Abend wir sinken / und sterben den Heldentod / dann soll uns tröstend winken / die Fahne schwarz-weiß-rot."
Und noch eine Strophe: „Der Wind soll in ihr singen: / Du hast deine Pflicht getan / Du starbst im Kampf und Ringen / als treuer deutscher Mann."
Der Name des jungen Dichters ist Bertolt Brecht. Interessant.

Am 26. November wird in Aschaffenburg die private Höhere Mädchenschule des Töchterschulvereins eröffnet, mit dem angeschlossenen Pensionat „Spessartblick" im eigenen, von Architekt Heinrich Morhard entworfenen Schulgebäude in der Hofgartenstraße 6, der späteren Hofgartenklinik.

HS
Ein letzter Neujahrswunsch? Er interessiert mich nicht! Ich habe Wichtigeres zu tun!

DF

Bitte! Man kann nie wissen! Nie! Bist du nicht neugierig? Bitte Hermann!

HS

Na gut, mein einziger Freund. Das wird das letzte Kuvert sein, das ich öffne.
(Liest.) Das ist unmöglich!

DF

Was ist denn? Was ist denn passiert? Darf ich es wissen?

HS

Da lies, lies selber! Laut! Laut sollst du lesen! Damit ich es glauben kann!

DF

(Er liest.) „Lieber Hermann, Sie wurden von mir auf eine schwere Probe gestellt. Der Offizier war eine Vorspiegelung. Verzeihen Sie mir! Bitte! Auf immer Ihre Auguste." Das ist ja fabelhaft! Lass dich umarmen, liebster Freund!

HS

Aber ich kann nicht glauben, was darin steht! Wenn das wahr wäre.

DF

Hier steht es schwarz auf weiß! Weshalb zweifelst du? „Auf immer Ihre Auguste"! Auf immer!

HS

Auf immer? Doktor! Auf immer! Meine Auguste! Auf immer! Freilich ist alles wahr! Ich Idiot! Wie konnte ich nur zweifeln?

Sie liebt mich! Ja, sie liebt mich! Auf immer!

DF
Ja, auf immer Hermann. Bis in alle Ewigkeit, hörst du! Bist du glücklich, mein Freund?

HS
Weißt du denn, was das heißt, Faber? Nein, du weißt es nicht! Du und die Frauen! Nie hast du die große Liebe erlebt. Nie! Dann kannst du auch nicht wissen, nicht einmal im Entferntesten erahnen, wie glücklich ich bin! Aber, warum freust du dich nicht mit mir? Ich seh es dir an!

MUSIK

Im Atelier von Ludwig Meidner in Berlin-Friedenau trifft sich Mittwochabends ein illustrer Kreis zum Jour Fix: Jakob van Hoddis, Paul Zech, René Schickele, Raoul Hausmann und Kurt Pinthus. Sie betrachten sein 1913 gemaltes Bild „Ich und die Stadt", ein Gemälde, bei dem sein Kopf so zu explodieren scheint, wie die Stadt dahinter. Und irgendwo oben hängt die Sonne, wackelnd, als falle sie gleich herab.
Er nennt seine Bilder „Vision im Schützengraben" oder, immer wieder, „Apokalyptische Landschaft". Die Städte brennen, die Gesichter der Menschen sind schmerzverzerrt, die Landschaft aufgebrochen durch Bomben und Krieg. Über allem geistert ein unheimliches Licht. Meidner lebt im idyllischen Friedenau. Es sind warme, versöhnliche Oktobertage. Wir schreiben das Jahr 1913. Seine Freunde sehen die Bilder und fragen sich, ob Meidner wahnsinnig ist?

DF

Doch, doch, ich freue mich über euer ... über **dein** Glück! Ich kann es nur nicht so zeigen. Glaube mir.

HS

Kein Dichter hätte dies besser fürs Theater schreiben können. Eine Minute noch bis Mitternacht ... lass uns trinken und dann gehen wir zu ihr.

DF

Ja, ich komme mit! Einen Moment noch, dann komme ich mit, mein geliebter Freund. Einen kleinen Moment noch. Ich lass dich nicht allein!

Norman Angell beweist in seinem Bestseller „The Great Illusion" stichhaltig, dass es nie wieder zu einem Krieg kommen könne. Er legt dar, dass das Zeitalter der Globalisierung Weltkriege unmöglich mache, da alle Länder längst wirtschaftlich zu eng miteinander verknüpft seien. Angells These überzeugte die Intellektuellen in der ganzen Welt.

(DF nimmt die Pistole und erschießt HS von hinten. Musik und Videoeinspielung Feuerwerk und Kriegsbilder aus dem 1. Weltkrieg.)

MUSIK

Über den Gärten
Uraufführung 2014 | Stadttheater Aschaffenburg

Mann
Junger Mann
Junge Frau
Freak 1
Freak 2
(Der junge Mann und Freak 2 können von einer Person gespielt werden.)

Hoch auf einem Balkon

Szene I

Mann

(Glaszarte Musik. Er sitzt auf einem Stuhl und blickt in die Ferne.
Er geht an die Glastür und sucht nach einer Klinke, die nicht vorhanden
ist. Plötzlich erinnert er sich an etwas, was ihm dann aber wieder entglei-
tet.) Seit wann? Wie lange ist es her, seit ich ...? Man ist wie ausgesetzt
hier draußen, hier draußen über den Gärten. Nicht dass es kalt wäre, nein,
nicht dass man ein Frösteln verspüren würde. Das nicht. Es ist wie die
Ahnung eines Schauders nur, eine Andeutung eher, eine Erinnerung viel-
leicht, ... angenehm. Belebt eher als dass es schmerzt. Seltsam.
Das Wohnzimmer hinter der Scheibe, die Bücher, der Kühlschrank, das
Eis, das herausquillt wie ein blauer Gletscher. Wie lange ist es her?
Hier oben, über den Gärten. Kaum ein Laut dringt herauf vom Bach unter
dem Dunstschleier.
Eher ist es so etwas wie Schwüle, ein zäher Brodem,
auf dem diese Dunstschicht kauert wie ein kühles, großes Tier. In das
frisst sich diese feuchtwarme Glut hinein, langsam, ganz langsam. Als
lauere etwas unten am Bach. Als warte etwas, das alle Zeit der
Welt hat. Als warte es auf eine Gelegenheit, ein Zeichen.
Seit wann? (Er geht zur Glastür und tastet nach der Klinke. Er legt die
Hand über die Stirn und schaut durch die Scheibe.)
Die Bücher, die vielen Bücher. Wozu? Weiter weg als die Gärten.
Verschattet der Raum. Grau alles. Das fahle Sonnenlicht dringt
kaum durch die verstaubte Scheibe. Das Zimmer wie eine der Vitrinen
von Oswiecim, die Gebirge von Haaren und Brillen bergen und Koffer,
auf denen mit Kreide Städtenamen geschrieben sind.
(Black.)

Mann

Die Gärten. Entfernen sich immer mehr. Immer höher schwebt der Balkon über ihnen. Die Gärten. Wie hinter einem luftigen Gazevorhang. Die Farbe weicht aus ihnen, wie aus blauen, alten Briefumschlägen.

(Glaszarte Musik. Der junge Mann tritt auf.)

Junger Mann

Hortensien. Diese Krankenblumen. Diese kranken Blumen ...

Mann

Ja, Hortensien! Woher kommen, ... woher wissen Sie? Diese beigen Stellen, die sich ins schüttere Blau fressen. Mein Mantel steht Ihnen übrigens gut.

Junger Mann

Rilke.

Mann

Ja, ja, ja Rilke. Wie lang sitze ich schon hier? Tage?

Junger Mann

Ich hab den Weg herauf gefunden. Die steile Treppe. Die Luft scheint dünn hier oben. Die Sonne wärmt nur wenig.

Mann

Ja, dünn und kühl die Luft, die Sonne scheint fast weiß. Ein kaltes Weiß.

Junger Mann

Dennoch angenehm diese Kühle. Ein leichtes Frösteln nur. Man merkt, dass man am Leben ist.

Mann

Ist das ein Besuch? Durch die Gärten, die Wendeltreppe empor?

Junger Mann

Ein Überfall.

Mann
(Erschrickt) Ein Überfall?

Junger Mann
Ein Scherz!

Mann
Ein Scherz?

Junger Mann
Ein Zelt. Ein Zelt am Bach, der sich an den Gärten vorbei schlängelt.
Ein Schlafsack. Eine Matte. Es sind auch andere da. Man belauert
sich. Wenn man mich gesehen hat, ...

Mann
Wenn man Sie gesehen hat, ...

Junger Mann
... kommen andere nach. Und die haben noch keine Hortensien gesehen.

Mann
Ein Lager? Ein Lager am Bach?

Junger Mann
Kein Lager in dem Sinne ...

Mann
In welchem dann? In welchen Sinne dann?

Junger Mann
Der Eingang zum Haus ist verrammelt. Verwaist alles, unbewohnt.
Die Wendeltreppe versteckt unter übel wuchernden ... Glyzinien?
Ein senkrechter Urwald.

Mann
Glyzinien, ja! Sie sind jung, sie sind schlank. Sie werden sich durch
gewunden haben wie ...

Junger Mann

... eine Schlange? Ein Eidechs'? Ja, wie eins von diesen glatten Wesen mit den kalten Augen, dem kalten Blut. Man sieht weit von hier. Allerdings verschwommen. Ein Weichzeichner schwebt, so scheint´s, über den Gärten.

Mann

Ein Gazevorhang, ein ausgedehnter. Seit ... (Versucht, sich zu erinnern.)

Junger Mann

Kein Lager in dem Sinne. Versprengte, Abenteurer. Von weit, von ganz weit, manche. Und Sie sitzen hier über den Gärten, in Ihrem ... Bollwerk ..., allein. Im Wohlstand. Luftig erhaben.
Über den Gärten (Pathetisch). Und drunten am Bach lauert man.
Man wartet und wartet und wartet und weiß nicht auf was.

Mann

Seit ...

Junger Mann

Sie sind allein? Sie sind allein!

Mann

Meine Frau ...

Junger Mann

Ihre Frau?

Mann

Meine Frau – sie, seitdem bin ich ...

Junger Mann

... allein.

Mann

Ja, allein – allein über den Gärten.

Junger Mann

(Singt nach der Melodie von R. Meys „Über den Wolken".)

Über den Gärten muss die Freiheit wohl grenzenlos sein, alle Ängste alle
Sorgen, sagt man ...

Mann
(Unterbricht ihn.) Von wo kommen sie? Was hat sie hier her verschlagen?

Junger Mann
Die Sehnsucht, die Not, die Verzweiflung, die Hoffnung. Weiß ich´s?

Mann
Das ist viel. Das ist viel auf einmal.

Junger Mann
Hier auf diesem Balkon über den Gärten, wo die Sonne ein
kaltes Weiß scheint. Ein Dunstschleier liegt über allem. Gibt
der Welt etwas Vages, etwas Verwackeltes, Verrutschtes, Ungefähres.
Das Grün der Gärten geht ins Fahle verschossener Kinderschürzen
würde Rilke sagen. Im Ernst, wenn sie kommen, dann gnade
Ihnen Gott. – Wieder so ein Spruch.
(Das Licht wird immer fahler bis zum Black. Glaszarte Musik.)
(Es wird ganz allmählich Licht.)

Junge Frau
Durch Zufall. Man sieht es nicht von unten. Ein Gefühl, ein vages
Gefühl, dann der Eingang in diesen Glyziniendschungel. Hinauf in
die schwindelnde Höhe. Ins Ungewisse, in die immer dünner werdende
Luft. Die Luft am Bach dagegen ... warmer Sirup. Ekelhaft.
Wie ausgestellt ist man hier. Hier oben. So weit weg. So weit. So kühl.

Mann
Kommen andere? Ich meine, der Platz ist begrenzt. Eigentlich fühl ich
mich durch Sie schon gestört, wenn Sie verstehen, was ich meine.
Eigentlich genüge ich mir sozusagen selbst. Seit meine Frau ...,
Sie verstehen?

Junger Mann
Sie wollen uns also ...

Junge Frau
Sie wollen uns also ...

Mann
Ja, nein, ... ich kann nichts für Sie tun. Ich habe nichts. Bücher ...

Junger Mann
Bücher? Sie haben gelebt wie ein Fürst, wissen Sie das? Womit haben
Sie das verdient? Womit?

Mann
Ich habe gearbeitet, ich habe Bildung, Kultur. All das. Es ist normal.
Man macht sich keine Gedanken! Was reden Sie?

Junge Frau
Es ist hier alles zu groß für einen. Viel zu groß. Zudem sind Sie alt.
Zu was noch nütze? Die unten am Bach sind wie Wölfe, ausgehungert,
gierig, gewissenlos. Eine Meute toller Hunde, bunter Hunde.
Wenn die den Eingang entdecken, dann gnade Ihnen Gott. Wieder so ein
Spruch.
Bücher! (lacht) Sie wollen uns also ...? Sie sind lustig, alter Mann.

Junger Mann
Sie wissen nicht, wie es ist unten am Bach. Dort kühlt nichts mehr. Die
Luft, wie sie sagt, ... Sirup. Das Wasser, braun und dick wie Pudding,
stinkt zum Himmel. Fische, wenn überhaupt, bäuchlings bleich, in den
Augen drängen sich Maden. Der Gestank! So hat man sich eingerichtet.
Man belauert sich, wartet auf Schwächen und auf Regen. Den Regen,
der alles fortspült, den Dreck, das gärende Fischgekröse, alles ...
Hier oben hingegen, guter Mann, hier oben hingegen, das Paradies.
Ein Paradies in den Lüften, hoch über den Gärten schwebt es kühl und
fern von allem ...

Mann
Paradies? Hier über den Gärten? Lächerlich geradezu! Es ist schön,
zugegeben, angenehm. Auch diese kühle, abgeklärte Stille. Der
getrübte Blick wie durch Milchglasscheiben über die Gärten?
Geschmackssache. Aber Paradies? Lächerlich ...

Junger Mann
Lächerlich? Wo leben Sie denn? Waren Sie nie unten? Jenseits der
Gärten? Nie? Nie unten am Bach? Nie weg aus dieser Abgeschiedenheit
Ihrer pädagogischen Provinz? Einmal, wenn Sie das getan
hätten, einmal! Das Paradies, Ihr Paradies hier über den Gärten
schwebend, Ihr Paradies wäre Ihnen Paradies geworden. Sie verstehen?
Es wäre Ihnen bewusst geworden, dass Sie im Paradies leben. Adam und
Eva, mit Verlaub, um von vorne zu beginnen, erkannten erst nach der
Vertreibung, was sie da verloren hatten. Das müsste doch in Ihren
Büchern stehen.

Mann
Was reden Sie? Ich bin kein Krösus. Ich bin zufrieden, ja. Das heißt,
ich war zufrieden. Nicht immer, aber gelegentlich wurde es mir
bewusst, dass ... Seit meine Frau allerdings ... Hier oben ist das Leben
zugegeben angenehm, aber seltsam, wie soll ich sagen, seltsam steril.
Man ist wie ausgesetzt hier draußen, hier draußen über den Gärten.
Nicht dass es kalt wäre, nein, nicht dass man ein Frösteln verspüren würde.
Das nicht. Es ist wie die Ahnung eines Schauders nur,
eine Andeutung eher, eine Erinnerung vielleicht, ... angenehm.
Belebt eher als dass es schmerzt. Seltsam. Ich habe das schon einmal
gesagt, meine ich. Ich meine, es kommt mir bekannt vor. Habe ich
das Ihnen vielleicht heute schon gesagt? Nein?

Junger Mann
Nein. Kann mich jedenfalls nicht erinnern. Das Leben über den
Gärten hat Sie, so scheint es, in Watte gepackt. Immunisiert.
Wenn die da unten Sie hören könnten, oh oh oh!

Junge Frau
Was ist mit der Tür? Mit der Tür ins ... Wohnzimmer? Sie hat keine
Klinke. Wieso? Man sieht die Möbel, gediegen elegant. Viele Bücher,
alles voller Bücher. Ein Kühlschrank, die Tür offen, eine Eisschicht
klebt dick über allem, was in den Fächern liegt. Was ist mit der Klinke?

Mann
Es gibt keine Klinke... (Er erstarrt. Für einen Moment Stille, dann ein
schabendes Geräusch von unten.)

Junger Mann
Ruhe!

Junge Frau
(flüstert) Ich habe den Eingang, den Eingang zum Glyziniendschungel
verschlossen....

Junger Mann
Pst! (Er hält ihr den Mund zu. Eine Minute schweigen alle, die junge
Frau windet sich. Die Geräusche ersterben. Noch eine halbe Minute
Schweigen, dann stößt ihm die junge Frau ein Messer ins Herz.
Er geht zu Boden und krümmt sich.)

Mann
Musste das sein? Er hat doch nur, ... (lauscht) sie scheinen weg zu sein?

Junge Frau
Ja, weg. Das war noch gar nichts, das waren Peanuts. Wieder so ein
Spruch.
Unten am Bach wär er längst bei den Fischen, den stinkenden,
den aufgedunsenen. Trottel. Wusste schon, weshalb er weg ist,
weg von den anderen, den Versprengten. Die riechen schier die Angst,
tolle Hunde. Sie haben auch seine Angst gewittert. Süßsauren Schweiß.
Eine kleine, kleinliche Ausdünstung. Eine demütige, klägliche Fahne von
dünner Verwesung ... Was ist mit der Tür?

Mann
Ausgesperrt. Klingt – zugegeben - dumm, ich weiß. Ausgesperrt halt!
(Das Licht wird immer fahler bis zum Black. Die Frau deckt die
Leiche mit einem weißen Tuch zu und darüber eine Decke. Glaszarte
Musik, die ausklingt. Im Black dann laute Schläge gegen die Balkontür.)

Freak 1
(In beiden Händen einen dicken Stock.) Panzerglas. Kein Sprung.
Keine noch so kleine Trübung. Verdammt!

Freak 2
Verdammt! Wo ist der Schlüssel? Die Klinke? (Schaut durch die
Scheibe. Deckt dabei die Augen mit der Hand ab.) Kapitalistenschwein!

Bücher, Bücher, Bilder, Statuen, teurer Nippes! Der Kühlschrank – ein
Eisberg. Zentimeterdick! ... Und jetzt?

Mann
Ich sag doch, keine Klinke, kein Schlüssel, kein Nichts! Seit Tagen sitze
ich hier ... über den Gärten. Seit meine Frau, ... was weiß ich ...

Freak 1
Kapitalistenschwein! Bücher, Bücher, Bilder, Statuen, teurer Nippes!
Der Kühlschrank – Scheiße!

Mann
Kommen noch mehr? Das Boot – blöder Vergleich – der Balkon ist voll!
Hier über den Gärten ist kein Platz für mehr. Verstehen Sie doch!

Freak 2
Schnauze Schwein! Hatte 'ne schwere Kindheit, weißt schon, den ganzen
Scheiß und so. Mutter Nutte, Vater asozialer Alki. Missbrauch und das
alles. Oder so ähnlich halt. Gibt auch jede Menge andere Versionen.
Das ganze fette Programm. Also Schnauze Schwein und ...
Mitleid gefälligst!

Freak 1
(Bewusst theatralisch.) Heim! Rumänisches Kinderheim! Hospitalismus.
Später dann Aurolac geschnüffelt auf den stinkenden Halden Bukarests.
Also, Schnauze Schwein und Mitleid gefälligst. Mitleid mit uns Freaks!
(Beide klatschen sich ab und lachen anhaltend.) Mitleid ist doch euer
Ding und so und Adoption und so, oder?
Schlüssel oder einer von euch fliegt. Fliegt wie ein Stück stinkendes
Fleisch über die Brüstung hinunter in die Gärten – klatsch, klatsch,
glibber, Hirnmasse und so ! Capisci?

Junge Frau
Vergiss es! Es gibt kein Schloss. Es gibt keine Klinke und es gibt kein
Schloss!

Mann
Es gibt kein Schloss? Soweit ich mich erinnern kann, gab es ein Schloss,
gab es auch eine Klinke. Von innen zumindest. Das Schloss wurde

allerdings niemals betätigt, gab keinen Grund dafür. Weshalb sollte man abschließen? Man lebt doch hier nicht in Sao Paulo.

Freak 2

Wäre schön, wenn man dort wäre. Gegen den Bach ist Sao Paulo ein Kindergarten, ein Hort der Geborgenheit. Man zerfleischt sich dort unten regelrecht. Regelrecht ist gut. Es gibt dort keine Regeln. Man kennt dort keine Regeln. Wozu auch. Wer hielte sich schon an Regeln? Hältst du dich an Regeln, Penner?

Junge Frau

Ich war nicht am Bach. War abseits. Der Geruch allein, ein Pesthauch.

Freak 1

Wir Freaks auch nicht, jedenfalls nicht lange. Nicht unsere Liga. Definitiv nicht! Was Freak?

Freak 2

Nicht unsere Liga, Freaky! Definitiv! (Zur Frau.) Wie heißt du? Du warst am Bach. Wie heißt du? Was wolltest du am Bach? Als Frau! Wie heißt du?

Junge Frau

Es gibt kein Schloss, Freaky! Kein Schloss und keine Klinke. Und selbst wenn es ein Schloss gäbe, ihr Freaks, dann wärt ihr die letzten, die ... Ihr solltet schleunigst verschwinden, ihr Freaks. Der Platz hier, der Platz über den Gärten, ist kein Platz für Freaks. Euer Platz ist unten, unten am Bach ... ihr wisst schon: Gekröse und so ... da ist euer Platz.

Freak 2

Wie du heißt, freches Maul?

Freak 1

Hast du gehört, freches Maul? Wie du heißt? Aber dalli!

Freak 2

Freches Maul gibt an wie zehn nackte Neger! Wie du heißt? Und dalli wie bereits mehrfach – oder Freaky (!) – wie bereits einige Male gesagt!

Junge Frau
Zehn nackte Neger? Ihr Scheiß-Freaks? Ein einziger, ... ein einziger
Kindersoldat und winseln wie die Welpen würdet ihr! In seinen Augen
Spott, unbändige Neugier und kein Staubkorn von Mitleid. Der würde
euch begraben, bei lebendigem Leib, mit vorgehaltener Kalaschnikow!
Die fette Erde unter dem Gestampfe seiner Stiefel dränge euch in
Nasen und Münder, und in eure Ohren ein vogelleichtes Kinderlachen.
Der hätte seinen Spaß mit euch Gesockse! Ihr wart nicht, wo ich schon
war.
(Sie nimmt die Decke von der Leiche. Das weiße Tuch ist Blut durchtränkt.)

Freak 1
Scheiße!

Freak 2
Scheiße!

Junge Frau
Es ging ganz schnell. Kennt ihr Freaks das Gefühl, wenn ein Messer
zwischen zwei Rippen in das Herz eindringt. Das flutscht, als würde man
in weiche Butter schneiden. Man darf nicht zögern, das ist das
Geheimnis. Und ihr Freaks seid Zauberer, großmäulige, stimmt's?

Freak 2
Scheiße, Freak, was jetzt?

Freak 1
Ja Freak, was jetzt? Guter Rat ist da ... sehr teuer, Freak.

Freak 2
Wir könnten ja gehen, was meinst du?

Junge Frau
Fänd' ich nicht soo toll! Kommt dann wieder, ... sicher mit noch
mehr Gekröse im Schlepptau vielleicht? Oder?

Freak 1
Keineswegs!

Freak 2
Keinesfalls, definitiv! Gehen unsrer Wege, einfach. Einfach so,
verstehst du?

Freak 1
Genau, einfach weg. Und kein Wort, versteht sich, über, du weißt.
Kein Sterbenswörtchen. Definitiv! Ehrenwort!

Junge Frau
Großes Indianerehrenwort meint ihr doch sicherlich, oder?

Freak 2
Klar, ganz großes Indianerehrenwort! Auf alle Fälle! Logo doch!
Okay, wir gehen jetzt, ja?

Freak 1
Die große Flatter, die ganz große Flatter, okay?

Junge Frau
Flatter ist gut, Flatter ist sehr gut. Das einzige, was bei euch flattert,
sind eure beschissenen Nerven, stimmt's? Ob's stimmt oder seid ihr
taub, ihr impotenten Freaks? Ob's stimmt, aber dalli!!

Freak 2
Ja okay, stimmt, stimmt absolut total, oder Freak?

Freak 1
Klar, absolut definitiv, Freak! Was jetzt?

Junge Frau
Ja, was jetzt? (Zu Freak 1) Hau ihm paar in die Fresse oder
vor die Schnauze, such's dir aus. Aber nicht so laschi, wenn ich
bitten dürfte, okay? So richtig kompakt und streng, wenn du weißt,
was ich meine. Okay!

Freak 1
Ey Freak, kuck mich nicht so an, ey!

Junge Frau
Du weißt doch, was kompakt ist, Freaky? Oder soll ich´s dir zeigen?

Freak 1
Klaro, logisch weiß ich, was kompakt ist. Weiß doch jedes Kind,
oder Brother? Ich mein, sorry. Die versteht wenig Spaß.
(Er schlägt ihn ins Gesicht. Freak 2 geht zu Boden. Seine Nase blutet.
Glaszarte Musik. BLACK!)

Freak 1
Hey Freak, wo bist du, Freak? Einfach abgehauen, der Penner. Einfach
weg, der Scheißfreak. Ob der wiederkommt, der Scheißpenner?
Der Fluss. Er hat mich immer fasziniert und gleichzeitig hat er mir Angst
eingejagt.
Ist immer der gleiche, aber immer ein anderer. Fließt und fließt und fließt
und irgendwann verliert sich sein Wasser im Meer und ist nicht mehr
unterscheidbar vom Wasser von Tausenden anderer Flüsse. Von hier oben
sieht man von ihm, diesem mächtigen Körper, nur seine Haut. Als Kind
dachte ich, er würde in seiner Haut, einer Art Plastikhülle, in seinem Bett –
welch komisches Wort dafür – in seinem Bett dahingleiten, wie eine riesige
graue Schlange. Dachte nicht, dass man in diesen mächtigen Körper
eintauchen, einen Teil von ihm verdrängen, einen Teil, der genau so groß
ist wie man selbst, und so selbst Teil von ihm werden könne.
Ging mir nicht in den Kopf. Hab das als vielleicht Dreijähriger meinem …
Vater erzählt. Und hab ihm von solchen verrückten Gedanken in meinem
wirren Kopf von dem Tag an nie mehr was erzählt. Von diesem Tag an, als
er mich lachend in den Fluss warf und hinterher schrie, so habe er auch das
Schwimmen gelernt. Ob ich denn drin sei im Fluss, ob ich das jetzt endlich
merken würde, dass man da rein könne. Und als ich prustend und um mich
schlagend wieder auftauchte, ob ich denn jetzt merke, dass nicht nur ich
im Fluss, sondern, jetzt traf mich sein Lachen wie Schläge, ob ich denn
nicht merken würde, dass der Fluss jetzt sogar in mir sei? Ich paddelte und
strampelte und schrie und schluckte den Fluss, den riesigen grauen Fluss
und hielt mich über Wasser und winselte und heulte … und mein Vater
lachte und sagte, als er mich dann am Kragen aus dem Fluss zog, so habe
auch er das Schwimmen gelernt. Und das habe ihm nicht geschadet, sagte
mein Vater. Mein Vater!

Junge Frau

Als ich damals das Schwimmen lernte, als mich mein Vater in den Fluss
geworfen hat, vollkommen unvermittelt, mit seinem lauten, gewaltigen
Lachen, bin ich in Todesangst ans Ufer gepaddelt wie eine kleine, nasse
Ratte und hab ihm die Hand entgegengestreckt und war sicher, dass er
mich rausziehen würde. Mich in den Arm nehmen und trösten und loben
würde. Doch er hat mich zurückgestoßen und gelacht und gerufen: Geht
doch!, hat er gerufen, und mich, als ich ihm wieder die Hand hinhielt,
wieder und wieder hinausgestoßen, bis ich unterging und er mich endlich
ans Ufer holte, endlich. Ich bin weg gekrochen, hab mich unter einem
Busch versteckt. Und als das Schnaufen und Husten und Heulen und
Winseln langsam verebbte, hat er mich da raus gezogen aus dem Busch –
und ich hab geschrien – und ... noch einmal in den Fluss geworfen. (Pause.)
.... Und dann hab ich´s ihm gezeigt, und dann konnte ich schwimmen. Ganz
allein. Ohne Hilfe. Und da hatte ich plötzlich Kraft, eine kleine, kalte,
einsame Kraft, die hielt mich über Wasser, und ich konnte schwimmen,
ohne ihn... Nie so wie die anderen, die das anders, einfacher, billiger
gelernt hatten, das ging nicht mehr, immer in dieser eigentümlichen Art
einer ... Ertrinkenden. Und von dem Tag an hab ich nicht mehr geheult ...,
da war ja diese Kraft da, diese Kraft, die klein war und kalt und kompakt
und meinen Vater brauchte ich nicht mehr, von diesem Tag an ...
Und von diesem Tag an wusste ich, dass ich alles tun kann, dass es keine
Grenzen gibt für mich, dass das die Freiheit ist ..., die Freiheit der Wölfe!
Ganz schön pathetisch, was? Grenzwertig ... (Kratzen und Schaben von un-
ten.)

Freak 1

Wir Schwimmer ..., wir könnten Freunde sein, wir Schwimmer. Oder?

Junge Frau

Wir Schwimmer? Bist du wirklich so naiv? W i r Schwimmer. Andre Liga,
Freaky, ganz, ganz andre Liga. Welten, Universen!

Mann

Was, wenn er wiederkommt? Er wird sich rächen wollen! Und Sie beide?
Sie sollten jetzt auch gehen. Stören den Frieden hier über den Gärten.
Stören mich in meiner wunderlichen Abgeschiedenheit. Ich bitte Sie!
Merken Sie denn nicht, dass Sie hier stören! Es gibt hier keinen Platz für Sie
hier über den Gärten! Verstehen Sie das nicht? Sie gehören hier nicht her!

Ihr Platz ist unten, unten am Bach, bei den vielen, den anderen!

Freak 1
Alter Mann, wo bleibt die Altersweisheit? Hast du nicht gesehen, was sie gemacht hat? Gemacht hat mit dem Typen, mit mir? Die Schwimmerin. Hast du nicht gehört, was sie gesagt hat? Sie hat ihren Vater nicht mehr gebraucht! Er hat sie nicht, wie mein Vater mich, aus dem Fluss gezogen, nein! Das ist der Unterschied! Hast du das nicht gehört? Das sollte dir, verdammt nochmal, zu denken geben.

Mann
(In die Ferne schauend.) „Ihr alle kennt die wilde Schwermut, die uns bei der Erinnerung an Zeiten des Glücks ergreift. Wie unwiderruflich sind sie doch dahin, und unbarmherziger sind wir von ihnen getrennt als durch alle Entfernungen. Auch treten im Nachglanz die Bilder lockender hervor ...“

Junge Frau
Geschwätz! Gejammere! Wir haben nicht mehr viel Zeit.

Mann
Zeit? Sie sind jung. Es gibt nur diesen Balkon hier über den Gärten und den Bach dort drunten. An den der junge Mann gehört, wie sein Kollege, der schon vorausgegangen ist. Wohin Sie gehören, weiß ich nicht. Jedenfalls nicht hierhin. Also gehen Sie, gehen Sie beide! Sie gehören nicht in diese Welt hier oben. Das war ja der Fehler. Deshalb ist es soweit gekommen, dass man hier über den Gärten schwebt und nicht mehr zurück kann, weil die Klinke weg ist, abhanden gekommen. Begreifen Sie denn nicht, dass Sie und Ihresgleichen die Schuld tragen. Dass es diesen Bach gibt, mit seinem braunen, stinkenden Wasser, an dessen Ufer Sie und Ihresgleichen ein gigantisches Köppels-Bleek errichtet haben.

Freak 1
Was soll das? Den Teufel werden wir tun!

Junge Frau
Ey, Freak, hast du nicht gehört, dass wir beide nicht auf dem gleichen Planeten wohnen. Also sprich nicht für mich, verstanden? Verstanden?

Freak 1
Ja, okay, okay, verstanden! Hab ja nur gemeint!

Mann
Er hatte recht, ein Paradies. Und später, viel später, wird es, und dann wird es längst zu spät sein, die wilde Schwermut des dahingegangenen Glücks sein, die uns ergreift, die unsere Herzen leise zum Zittern bringt. Doch unwiderruflich ist alles dahin ... alles ...
(Musik. Fadeout.)

Junge Frau
Den Schlüssel!

Mann
Es gibt ...

Junge Frau
Den Schlüssel!

Freak 1
Aber ...

Junge Frau
Schnauze, Penner! Den Schlüssel oder ... das Messer. (Sie zieht das Messer.)

Mann
Okay, ja, ist ja gut, ist ja schon gut. Okay, den Schlüssel, okay, okay. Gleich. Ich gehe gleich. Ich bring euch zu trinken. Und ... den Schlüssel. Okay?
(Black.)

(Die junge Frau sitzt zusammengesunken auf einem Stuhl hinter der Scheibe. Sie ist tot. Freak 1 liegt auf dem Boden, um den Hals ein Band. Er ist damit eng an den Boden fixiert.)

Mann
Du weißt also nicht, was ein Schierlingsbecher ist? Hast in der Schule nicht aufgepasst. Hättest besser aufpassen sollen. Das war eine faire Warnung. Du hattest deine Chance.

Fairness, weißt du, was Fairness ist? Meine Frau war immer fair, immer tolerant, hat's immer gut gemeint, immer alles entschuldigt, immer die Schuld bei sich gesucht. Nicht bei euch ... Kanaillen. Bei euch Kretins. Ihr wart Schuld, dass sie ...

Freak 1
(keucht) Bitte, mir ist schlecht. Ich muss kotzen. Lass mich los, lass mich geh'n! Ich geh zurück, ich war nie hier, nie hier oben in der Hölle über diesen Gärten. Bitte. Mitleid! Sie sind gebildet, haben Sie das nötig?

Mann
Seit meine Frau weg ist, gegangen ist, seit sie nicht mehr hier ist, und das ist lange her, bin ich hier draußen, hier oben in der Hölle über den Gärten. Und daran seit ihr Schuld, weil ihr meine Frau, die zu gut war für diese Welt, weil ihr meine Frau ...

Freak 1
Ich hab ihre Frau nicht gekannt, glauben sie mir.

Mann
Ach was, nicht gekannt! Ihr seid austauschbar. Ihr alle dort unten am Bach zwischen den Gärten, in den Banlieues, den englischen Vorstädten, Neukölln, Sao Paulo und Mexiko... Ihr alle seid austauschbar, keine Individuen, keine Kultur, keine Empathie, kein Mitleid. Und da soll ich Sie gehen lassen? Am Ende habe ich meine Frau beschworen: Keine Toleranz den Intoleranten. Sie hat nur milde gelächelt.

Freak 1
Ich hab ihre Frau nicht gekannt

Mann
Natürlich. Sie ist dann gegangen. Sie hat es nicht mehr ausgehalten. Es und mich hat sie
nicht mehr ausgehalten.

Freak 1
Mir ist kalt. Es ist so kalt hier heroben. Wo ist sie hingegangen?

Mann

Einfach weg. Keiner hat sie gezwungen, kein Mensch und keine Krankheit. Sie ist einfach gegangen. Sie hat mich allein zurückgelassen, hier über den Gärten.

Freak 1

Mir ist kalt. Es ist so verdammt kalt, so unendlich kalt hier oben.

Mann

(Er setzt sich neben ihn auf den Boden, nimmt seinen Kopf.) Du möchtest nach Hause, nicht wahr, in die Wärme deines Nestes, nicht wahr. Ich kann das verstehen. Natürlich ist es hier oben viel zu kalt für dich.

Freak 1

Lassen Sie mich gehen, bitte. Ich muss zurück, zurück in die Wärme, zurück zum Bach zwischen den Gärten. Mir ist so verdammt schlecht. Scheiße! Entschuldigung! Es ist so kalt hier oben, so bitterkalt.

Mann

Aber, wirst du nicht wiederkommen, wirst du nicht zurückkommen, werden nicht andere dabei sein?

Freak 1

Nein! Um Gottes Willen. Bitte, bitte, lass mich gehen. Es ist eine so große Sehnsucht in mir nach dem Bach ..., nach der Wärme ...

Mann

... nach deiner Mutter.

Freak 1

(weint) Ja. Ich muss jetzt gehn, ich muss los, durch die Hölle des Glyziniendschungels nach unten zum Bach. Jetzt gleich, sonst erfrier ich.

Mann

Ich kann dich so gut verstehen. (weint) Das musst du mir glauben. Aber ...

Freak 1

Danke, vielen Dank. Ich weiß, ich hab´s eigentlich nicht verdient. Danke. (greint) Ich will hier nicht bleiben. Bitte, bitte, bitte!

Mann
Aber ...

Freak 1
Ich schwöre, ich schwöre es bei meiner Mutter. Kein Sterbenswörtchen, kein Sterbenswörtchen, ich schwöre!

Mann
(Er hält ihm den Mund zu.) Ja, ja, kein Sterbenswörtchen, ich weiß. Bleib noch einen Moment, noch einen kleinen Moment, es dauert nicht mehr lange, dann bin ich wieder ganz allein, hier oben über den Gärten. ...Pass auf! Pass gut auf!
(Er nimmt ein Buch.) „Dann sind die Bäume schon grün, während überall sonst in Deutschland noch alles hässlich und grau ist, und die Menschen sitzen in der Sonne an den Neckarauen. Das heißt tatsächlich so, das muss man sich erst mal vorstellen, nein, besser noch, man sagt das ganz laut: Neckarauen. Neckarauen. Das macht einen ganz kirre im Kopf, das Wort. So könnte Deutschland sein, wenn es keinen Krieg gegeben hätte und wenn die Juden nicht vergast worden wären. Dann wäre Deutschland so wie das Wort Neckarauen."
Verstehst du das? Kannst du das verstehen? Nein? Nein!
(Fade out in den Black. Keine Musik.)

Mann
(Der Mann sitzt hinter der Glasscheibe neben der jungen Frau und spricht zu ihr. Der Balkon ist leer.)
(Er liest.) „Das Innere der Scheune lag fast im Dunkel, und wir erkannten nur dicht am Eingang eine Schinderbank mit aufgespannter Haut. Dahinter schimmerten noch bleiche, schwammige Massen aus dem finsteren Grund. Zu ihnen sahen wir in die Scheuer
Schwärme stahlfarbener und goldener Fliegen schwirren wie in ein Bienenhaus ...."
Dort - unendlich weit unten, unten am Bach, ... und wir hier oben in der hauchdünnen, glaszarten, eisig kalten Luft über den Gärten, ... die wilde Schwermut in den vibrierenden Herzen .... Schön. Schön. Schön.

(Glaszarte Musik. Langer Fadeout. Ende.)

Zeitfracht Medien GmbH
Ferdinand-Jühlke-Straße 7
99095 Erfurt, Deutschland
produktsicherheit@kolibri360.de